谨以此书

感谢深爱着我的父母和

我深爱着的赏能小作家们

五维赏能

牛一然 著

静待花开

一位研究型教师的教育笔记与实践感悟

暨南大学出版社
JINAN UNIVERSITY PRESS

中国·广州

图书在版编目（CIP）数据

静待花开：一位研究型教师的教育笔记与实践感悟/牛一然著. —广州：
暨南大学出版社，2018.12
ISBN 978 - 7 - 5668 - 2466 - 0

Ⅰ.①静… Ⅱ.①牛… Ⅲ.①儿童教育—家庭教育 Ⅳ.①G782

中国版本图书馆 CIP 数据核字（2018）第 218754 号

静待花开：一位研究型教师的教育笔记与实践感悟
JINGDAI HUAKAI：YIWEI YANJIUXING JIAOSHI DE JIAOYU BIJI YU SHI-
JIAN GANWU
著　者：牛一然

出 版 人：徐义雄
策划编辑：杜小陆
责任编辑：杜小陆　甄毛毛　李米雪
责任校对：傅　迪
责任印制：汤慧君　周一丹

出版发行：暨南大学出版社（510630）
电　　话：总编室（8620）85221601
　　　　　营销部（8620）85225284　85228291　85228292（邮购）
传　　真：(8620) 85221583（办公室）　85223774（营销部）
网　　址：http：//www.jnupress.com
排　　版：广州良弓广告有限公司
印　　刷：佛山市浩文彩色印刷有限公司
开　　本：787mm×960mm　1/16
印　　张：13.75
字　　数：230 千
版　　次：2018 年 12 月第 1 版
印　　次：2018 年 12 月第 1 次
定　　价：46.00 元

在年纪尚轻的时候，应当先做些什么，才不至于在老之将至的时候而悔恨呢？

要做的事很多，但首先必须点滴地积累作为一个教育者的智力财富和教育的明智。

不管你到公共图书馆去借任何一本书是多么方便，我还是劝你建立起自己的藏书。我就有一套个人藏书——这些书是我的老师，我每天都去向它们请教：真理在哪里？怎样去认识真理？怎样才能把人类积累和获取的道德财富从年长一代的心灵和智慧中传授给年轻人？这些书也是我的生活的老师，我每天都带着这样一些问题去求教它们：怎样生活？怎样才能成为学生的楷模？怎样才能使理想的光辉照进他们的心田？

年轻的朋友，我建议你每个月买三本书：关于你所教的那门学科方面的科学问题的书；关于可以作为青年们的学习榜样的那些人物的生活和斗争事迹的书；关于人（特别是儿童、少年、男女青年）的心灵的书。你的个人藏书里有这三类书，每过一年，你的科学知识都应当变得更丰富。

——苏霍姆林斯基《给教师的建议》

成功的孩子都是相似的，失败的孩子却各有原因。几乎所有成功的孩子，在他们的成长之路上都幸运地遇到了好的引路人，这些人或是他们的父母，或是他们的老师、朋友，或者仅仅就是大自然本身。而"失败"的孩子则一般是由于受各种不快乐者的影响所导致的。比如：对教育一窍不通、缺乏同情心或者对孩子的教育毫无责任心的父母；严厉刻薄，或常年不得志、内心阴暗的老师；凶猛而无知的同学；俗气而愚昧的亲戚；变坏的兄长；粗暴、武断的长辈等。

对于明智的父母来说，当发现孩子在求知和习惯、心理上有问题时，首先要做的，不是判断他"不行"（因为他没有任何责任和承担责任的能力），而是像一个医生发现病因一样，去发现这些不快乐的原型。有阅历的人们一定知道，噩梦不管有多么可怕，一旦说出来，就会好很多。

——《斯宾塞的快乐教育》

总　序

　　"教"是自上而下对知识的传授，"学"是自下而上对知识的接纳，"育"是相伴共生的引导成长。

　　教育的最高境界是不教。在良好的环境中，孩子自会在轻松愉快中达到优秀和卓越，一切顺其自然、水到渠自成。简单一点理解，教育是陪伴成长的过程，也是陪伴中协助孩子修正成长航向的过程。

　　人生原本就是不断解决问题的过程的集合。各种问题都只能自己去面对，别人代替不了。孩子成长过程中的问题，只能由孩子自己去解决。家长替孩子包揽的越多，越体贴入微，孩子的成长之路就越曲折，因为你替他做过的每件事情，他必须要亲自重做一遍，才能完成成长。

　　因缘际会，我步入了青少年成长教育的研究领域，做了八年的教育实验，这个过程有点长。我曾回想过，若一开始就知道要持续八年，是否仍要起步，推演下来，发现我还会走这条路，还会坚持。

　　这心无旁骛的八年里，我几乎每天都在思考某个孩子和某类孩子的成长。因有十六年高校学生管理岗位的工作经历，熟悉不同类型大学生的生活与学习状况，我常推演身边某个孩子若按当前的轨迹成长，进入大学后将会类似于我熟悉的哪个学生的样子。如果不希望这个孩子成长为大学生 B，我认为他能成长为更优秀的大学生 A，就在当下对这个孩子的成长过程进行干预和纠偏。实践证明，干预有效。赏能教育的头几批实验对象已进入高中和大学，他们或成绩优异，或才干出众，或醉心探索新领域，完成了在各自核心素养基础上的飞跃。这些年的实验过程，一言蔽之：着眼未来，修正现在。

　　数年的青少年成长教育实践，我形成了以下几点认识：

　　学习是愉快成长的过程。不管是针对课本的狭义学习，还是广义的学习，它首先是一个过程，且是一个轻松愉快的过程。青少年天生对探索未知领域有很大的热情，之所以有的孩子对学习失去了兴趣，是因为有人把学习过程教条化和程式化，把原本应顺势而为的学习过程变成不得不为的对教条和框架的填空，这种人为的条块分割使学习成了不再鲜活的流水线操作。

学习在生活中，生活在学习中。这和"吃饭是为了身体健康，想身体健康就要吃饭"是一个道理，可是很多人把学习的目标定位为考出高分，于是刷题押题死记硬背大行其道。这种以给他人表演和与他人攀比的学习目标已偏离了学习本意，无助于自我成长，越早回到探索研究的学习航道，学习才有意义，也才更容易考出高分。

教育者的核心素养基本决定了被教育者的人生高度。素养是通过训练和实践获得的一种道德修养。核心素养决定着每个人的视野所能达到的广度和高度。也就是说，每个人所看见的都只是自己想看见和能看见的。教育者总是希望把被教育者引向自己设定的美好远方。每个人都在按自认为正确的方式调整孩子的成长方向，希望把孩子培养成自己能看到的高度上的"优秀"，幼小的孩子只能被动接受这个过程。这就是刚出生时并无二致的孩子后来分布在了不同人生高度上的根本原因所在。

教育者对孩子真正的爱和培养，是自己养成了善良包容和乐读奋进的淡定的生活方式与习惯。《道德经》赞扬水德："上善若水，水善利万物而不争。夫唯不争，故无尤。"这种对待人生的态度，也适合教育成长，因为孩子的学习成长就在生活中，家长和老师的学习成长也在生活中。

数年来，我欣赏着不少孩子走向辉煌的道路，也见证了很多孩子留下坎坷的成长轨迹，接触了诸多不同类型的家长和老师，还耳闻目睹了一些扬汤止沸、隔靴搔痒、本末倒置，甚至焚琴煮鹤的教育过程，我迫切地想把这八年的观察、记录与思考公开出来，希望这些文字能为家长愉快地自我成长助一点力，也希望能协助一些孩子从樊篱中解放出探索与学习的兴趣，为青少年全面优秀成长提供一条切实可行的参考之道。

伟大的发明家尼古拉·特斯拉说，当天生的爱好发展成为一个强烈的愿望时，一个人会以惊人的速度向着他的目标大跨步地奔去。

我以这句话与诸君共勉。

王立宏

2018 年 6 月 10 日

序　言

　　陆陆续续记录教学中的点滴，我总被孩子们身上展现出的美好所感染。孩子实在是可爱，他们身上的简单纯粹，让我忍不住想起自己的童年。正如《小王子》里所言，每个成人都曾经是孩子，只是他们忘了。和孩子的相处让我一次次找到了曾经的自己。

　　文字的力量总是这么奇妙，在我记录下部分孩子的成长过程后，突然觉得每个孩子都是身边某个大朋友的缩小版：有人天生爱笑，喜欢分享；有人本性敏感，总能在细节处打动你；也有人横行霸道，总以自我为中心……这些正在长大的孩子们不知道他们正在经历的事情，其实父母一代也都经历过。

　　童年是每个人成长的镜子。年轻父母竭尽所能地培养孩子，总是相信孩子会有个美好的未来，相信他们比上一代人更有成就。但是，在很多"竭尽所能"的父母身边，可能正站立着不被理解的苦闷孩子，他们不爱学习、口头禅是"无所谓"，他们常做一些让大人觉得不可理喻的事。其实，孩子就是大人的缩小版，我们想让孩子成为什么样的人，首先自己就得是这样的人。

　　一位妈妈的留言令我印象深刻：不是我们在教育孩子，而是孩子在教我们！我们身边有很多年轻父母的学习能力是那么强，他们很善于自我反思，很善于发现自己的不足之处而马上弥补，这种不断学习的状态时时在激励着我。母亲是世上最伟大的人，她们虽性格迥异，但毫无疑问都在用自己所理解的方式爱着孩子。从孩子对父母的评价中，我们能看得出子女对母亲也有着发自内心的无条件的爱，这的确又是让妈妈们特别欣慰的事。

　　赏能教育法的核心是：着眼未来，修正现在。我们需要做的就是审视自己的不足，从教育的终点来看待孩子，自我反思能力、终生学习能力、随喜的心态和独立的思考能力都有助于家长培养出更优秀的下一代，只要父母能给孩子营造出良好的成长环境，孩子自然会茁壮成长，也就是说，只要阳光雨露充足，病虫踪迹消失，无需时时眷顾，静待鲜花自开。

兔走鸟飞，转眼间我从事赏能教学与研究已历五载，不经意间，记录教学随想已达二十多万字。回头想想，优秀的赏能小作家群体是我写作的最大动力。我一直教赏能小作家高级班，我很多学生的单篇作品超过了十万字，基本上每个孩子的总字数都不少于十万字，孩子能做到的我一定会做到。不一样的是，孩子们在创作文学作品，我在记录他们的成长过程和教学感悟，我们的写作类似"人知从太守游而乐，而不知太守之乐其乐也"。写作中我没想到这些文字会有机会出版，我只是希望一些制约孩子成长成才的问题能够被家长和老师重视起来。

令人欣喜的是，在我们身边，越来越多的家长和我们一起常常进行自我教育，越来越多的家长变得善于反思、乐于学习、喜读爱写、悦纳孩子，正如赏能传递的：每个孩子都能有适合自己生长的土壤，把孩子交给时间，静待花开。

牛一然

2018 年 9 月

目 录

静待花开

目录

一一一

对孩子说的话

每个孩子都是一个完全特殊的、独一无二的世界。

——苏霍姆林斯基

1. 阅读正在渐渐拉开孩子之间的差距

为什么要把阅读摆在促进儿童智力发展的重要位置上？

因为在现阶段我们就看到了孩子之间的巨大差距。

令人遗憾的是，我让一位五年级的孩子读同龄孩子写的一篇精品文章时，有很多字这个孩子不认识，比如"寥寥无几"的"寥寥"、"熠熠生辉"的"熠熠"等，甚至还有一些更简单的词语。我告诉这个孩子："这是跟你同龄的孩子写的文章。"他很不好意思地说："老师，我们课本里还没学。"出现这种情况可能有两种原因：一种是写文章的孩子通过阅读已经掌握了更多的词汇并把它们运用起来；还有一种是这个孩子没有及时领会知识，尽管他还是在校成绩不错的学生。这不是个例，接触的孩子越多，越发让人不安：同龄孩子之间的差距极大，不同学校之间孩子的差距也极大。

为了让更多的孩子在学习知识的黄金阶段扩大知识面，我们时常会在课堂上进行"一站到底"全科知识问答。在这个过程中我们发现了一个很有趣的现象：孩子对知识知道得越多就越想知道，知道得越少就越不想知道。一些学习成绩遥遥领先的孩子，他们有着强烈的求知欲望，当老师提到他们了解的知识时，眼睛里折射着兴奋的光芒；可是对那些暂时还是"后进生"的孩子来讲，他们觉得自己知道的少，所以就更不想知道了，只能通过其他方式吸引别人的注意力。"问题孩子"的根源还在于家庭，孩子的精神世界越贫瘠，他的内在动力就越不足。

有些孩子玩转电子产品的能力让我们吃惊，但当你了解他们的阅读情况后就会发现，孩子之间的差距让人担忧。有一个群体里的孩子几乎是不读书的，但他们都玩游戏，为通关多局感到自豪；有一个群体里的孩子读的书几乎都是冒险、科幻以及各种漫画类的，你问一些脍炙人口的名人故事，他们会露出一种惊讶的表情。三年级的孩子不知道一斤是多重，这多少是可以理解的，但五年级的孩子不知道一斤的重量，甚至对经典名著（包括《西游记》）毫不了解时，我还是受到了很大的触动。现在的大部分孩子把精力都用在了当前的新事物上，随着家长之间认识的差距拉大，孩子之间的差距也越来越大，最明显的就体现在他们的阅读水平上。

真正爱阅读的孩子是怎么样的呢？我见过这样一个孩子，他才五年级，但是他的阅读量已经远远超出了同龄人，甚至当你夸他喜爱阅读时他会觉得奇怪：阅读难道不该是一种习惯吗？没错，这个孩子的谦虚你无法想象。尽管他只是一名小学生，但他身上显露的谦谦君子的气质，让作为成人的我们忍不住汗颜。阅读究竟有多重要呢？我想只有享受过阅读带来的精神涤荡的感觉，你才能体会到阅读的美妙。曾子说："三日不读书，面目可憎也！"

十二月份，我们的课程里引入了"上下五千年"的主题，为的是培养孩子们对历史的敬畏感，如果能让他们喜欢上历史那就再好不过了。但第一堂课关于历史知识的提问，还是出人意料：有个四年级的孩子能够对中国历史上那些名人如数家珍，甚至一些孩子还能对同时期的世界历史人物做些补充，这样的情况当然令人欣喜；但依然有不少孩子对历史知识知之甚少。很多去过故宫的孩子居然对故宫相关知识一片茫然，这不禁让我想起了有些国人出国旅行时给别人留下的印象：上车睡觉、景区拍照，回来什么也不知道。是否去过一个地方只要有照片为证就可以了？心里的感受有多少就无从得知了。同样可爱的孩子，有些孩子的内在世界极其丰富，他们对知识充满敬畏，每天都想知道更多的事情；可还有些孩子根本不在意这些，并且觉得没有什么不好。

对于大多数家长来讲，孩子能学好课本知识，考试成绩能靠前，这就够了，因为这也是学校对优秀生的评价标准。一些家长在教育孩子上比较着急，总觉得孩子还不够好。更有甚者，认为孩子离开自己将变得无所适从。真的是这样吗？我们不认同。常常能听到有家长说孩子不爱阅读、根本不愿意学习之类的问题，语气里满是嫌弃，并且问老师怎么样才能让孩子爱上阅读。我们的老师告诉他，从校区墙上的一篇文章《父母好心办坏事，阻止孩子阅读的三种方法》中，可以找到答案。文章中点出了三种错误做法：一、要记录好词好句；二、要读"好书"；三、要精读、要记住。

结果这位家长看后激动地说："我就说嘛，要让她摘抄好的字词，一定要精读、做笔记，看看！上面也是这样倡导的。"这样的父母在生活中应该不在少数，表面看来在听你的建议，其实一直在选择性记忆，这样的人读书囫囵吞枣，根本没有注意到是三种错误的做法。所以，当有一个活动时，我们常常能听到有人反复在问："什么时间""在哪里"等这样的问题，答案其实就在前面的通知里，这样的父母不懂得倾听，实际上是对别人的不尊重，他们培养的孩子规则意识也相对较弱。

　　作为父母，不管你是否承认，决定孩子未来成长的因素是家庭。再不要把那些优秀孩子的聪慧归结为遗传了，因为我们看到了很多具备同样资质的孩子渐渐沦为平庸者。也不要盲目羡慕别人家孩子优秀，抱怨自己的孩子不争气了。影响众多孩子智力发展的重要因素就在于家庭教育是否启迪了孩子的智慧，是否关注儿童早期的大脑开发。当老师的可能有这样一种感受：有些孩子的大脑几乎一片空白，但又时时处于一种饱和状态。他们看似在不断地接受知识，但真正能够吸收的少之又少。这样的孩子越来越多，但令人感到惋惜的是家长并不清楚个中原因。

　　今天的人们早已被熏染得比较现实了，"舍生取义""信誉至上"已经越来越被人们淡漠了，更多的人正在通过不断努力将自己变为精致的利己主义者。而在追求个人理想的过程中，各种欲念的无法满足让人们时时感受到一种压迫感、焦虑感，一些严重的甚至已经患上了所谓的"空心病"。这不是危言耸听。我们的孩子对知识的感恩已经没有那么纯粹了，他们把知识仅仅当成工具。成长起来的一代人似乎被各种藩篱禁锢了心，他们一直在试图挣开，却由于内在修养的缺失而越陷越深。有数据显示，有七成以上的人在参加工作后基本放弃了对个人提升的努力和自我提升的学习机会。

　　但不管怎样，我们还是发现了自己存在的问题。如果你对当下的生活不满意，如果你还是会感到空虚，如果你还在为如何提升自己而苦恼，那就试着爱上阅读吧！心静了一切都会好起来。当你喜欢上阅读时，一定会有某个时代的人跟你心有灵犀！正如苏轼之于林语堂，林语堂认为苏轼是千年来第一可爱之人，这种心灵相通的默契让他在晚年都能保持一颗童心；又如谢安之于李白，"诗仙"李白已经够让后世文人钦慕了，但他还是在追随自己的精神偶像谢安；陶渊明更是成为历代文人的精神领袖，他们纷纷视陶为知己。后世文人理想中的乌托邦就是陶渊明笔下的桃花源，它真正羡煞一众士大夫。读书是最低的门槛，但也需要最谦卑的心，在书里你会遇到你的精神偶像，也会遇到你的知音。要让孩子的内在富足起来，那就别把阅读与孩子的生活剥离开。

今天，我们每个人面临的选择也多样化，很多人会说这是一个彰显个性的时代！没错，但如果你的个性仅仅是建立在你个人的经验认识上，那个性顶多是昙花一现。真正的个性一定是建立在丰富的知识、对世界有全面而深刻的认识上。所以，我们很羡慕那些超越世俗观念、活出自我的人，他们清晰地认识到自我的价值。阅读就是认识自我的重要途径之一。现在流行这样一句话，当你的情商不高时，唯有实力可以弥补，而弥补的最好方式就是阅读。

来看看我们生活的时代吧，最近五十年来科技的发展超过了过去几千年的总和，当前有三分之二的职业在二十年前根本不存在。所以，我们应该跳出当前的评判标准，从长远的角度来关注一个孩子的成长。我们应该有正确的认识：未来的人才一定是具备终生学习能力的人，是会独立思考的人！而终生学习的人，他们一直都保持着一个习惯，即对未来充满乐观的心态，并始终如一地坚持阅读，真正从内心拥抱变化。作为家长，千万不要把校园当作孩子们的现实生活，在真正的生活中，"勇气""毅力"和"诚信"等远远比成绩重要得多，或者说它们都比学校的成绩更能从根本上决定孩子的未来。而这些品质的养成需要孩子有广阔的视野，当然，这离不开孩子大量的阅读。

阅读正在渐渐拉开孩子之间的差距，如果你不重视起来，孩子之间的差距还将越来越大。从当前来讲，有些孩子已经具备了自主学习的能力，但更多的孩子还在虚度时光，他们课内作业已经够多了，但由于成绩不理想还要进行更多的课外辅导，无奈还是"为伊消得人憔悴"。苏霍姆林斯基说过，儿童的智力发展应该靠大量阅读来促进。我们应该重视起孩子的精神世界、关照一下他们的内在需求、放下没有结果的忙碌，给孩子腾出一些时间思考，而阅读就是一个很好的途径。

阅读对成人世界的影响更是毋庸置疑。查理·芒格和沃伦·巴菲特都是手不释卷的读书人，巴菲特更是醒着的时候有一半时间是在看书。芒格说："我这辈子遇到的聪明人（来自各行各业）没有不每天阅读的——没有，一个都没有。"

请给最后一名掌声

南京市北京东路小学　五年级　勇乐

　　人生在世，每个人都会参加许多比赛。但是，每次比赛过后，掌声都只属于前几名，后面的可能有成百上千人，他们在大家眼里可能都只是无关紧要的角色。我们应该把目光放远，是的，所有人——哪怕是最后一名，都应该获得掌声。

　　我看过一个故事：1968 年的一次马拉松比赛上，坦桑尼亚选手艾哈瓦里在比赛途中受伤了。当他缠着绷带，拖着流血的伤腿跨过终点线时，颁奖仪式早已结束，会场上的人也已寥寥无几。不过，留下来的人们还是给了这位勇士热烈的掌声。事后，当艾哈瓦里被问及为什么不索性退出比赛时，他的回答是："我的祖国不是派我到这里半途而废的，而是派我来冲过终点的。"

　　看到这句话，我的心为之一震。我开始意识到，每一次比赛，不只是第一名付出了心血，所有人都在默默奋斗。只不过，现实非常残酷，总会有人成为最后一名。可是，他也曾经努力过、拼搏过，我们又有什么理由不给他掌声呢？我觉得，绿叶不仅仅是鲜花的陪衬，每一片叶子都有自己独特的风采！

　　给最后一名掌声，也许就会改变一个人的人生。小英得到大家的掌声后，从原来沉默自卑的残疾女孩，变成了一个阳光自信的天使；方言得到大家的掌声后，从一个智力发展滞后的孩子，变成了一位很有名气的童话作家……给最后一名掌声，能让最后一名走出自卑，走出失望，走向属于自己的美好未来！

　　然而，在现实生活中，情况又是多么令人悲哀：最后一名成了一种耻辱，谁沦为它，谁就会抬不起头来。几乎没有人给最后一名掌声，更多的时候，人们只会对最后一名予以嘲笑和讽刺。有时，在重大比赛中，因为没有发挥好，哪怕拿了第二，也会被很多人泼冷水……

　　请正视最后一名，鼓励最后一名，并给他们热烈的掌声。给最后一名掌声，就是给内心灰暗的人点一盏灯。这样，世界一定会充满温暖和光明！

因为阅读

南京新城小学　五年级　王梓骅

静待
花开

　　高尔基说过:"书籍是人类进步的阶梯。"在书籍的海洋中自由探索,我收获了知识,吸收了精华。

　　谈到书籍,我自然要说到这套书——《明朝那些事儿》,这是我最喜爱的书,就像本书作者说的一样:"这是一部可以在轻松中了解历史的书,一部好看的历史。仅此而已。"不是吗?这套书用幽默将历史(明史)连接起来,组成一部现代版的明史。我一翻开这套书,就被书中的情节深深吸引,从第一个皇帝朱元璋(洪武)开创明朝到最后一个皇帝朱由检(崇祯)经历明朝灭亡,期间发生的许多历史事件,出现的许多杰出人物,在作者当年明月的笔下,都被描述得栩栩如生。读完这套书,你一定会赞叹:这真是一部好书!

　　因为读书,所以心中就种下了知识的种子。多读书,心中的种子就会生根发芽,引导着你走向知识的殿堂。当我爬上明城墙,眼前就呈现出一幅明朝开国时的壮观场面,当我参观明故宫时,眼前就浮现出朱元璋登基为皇、管理国家的恢宏景象。

　　想让种子发芽,就要选择良好的"肥料",如大自然与人相融合的《手斧男孩》系列和《山居岁月》;又如沈石溪的《时代广场的蟋蟀》《浪漫鼠德佩罗》《青鸟》《兔子共和国》等各种题材的书,都展现了动物之间的爱。能让我们从阅读中感到快乐的书,才是好书!

　　书上有一句令我难忘的话:阅读是世界上最棒的享受!我赞同而且会继续保持这种想法去读书。

　　因为读书,所以享受;因为享受,所以快乐!

2. 优秀者不需要靠刷存在感证明自己

越是优秀的人，他们参与意识越强，生活中表现得越为乐观，人际交往中表现得越为主动。我们当然也有这样的亲身体会，任何一件事情，开头总是非常困难的，而一旦养成了习惯，就不再觉得那么困难了。身边的那些优秀者，都是在一次次的坚持后认清了自己的价值。他们对我们的影响很大，不是因为他们公开宣告自己做了什么，更多的时候是因为他们一次次不动声色地完成了在我们看来很难的任务。

优秀的人不少，但在大多数人眼里，他们做事轻而易举，这并不能让我们意识到自己的局限，相反，我们会以另一种心态去评判他人，我们只对那些跟我们差不多状况的人有同感。因为我们都是看起来很努力的人。一些人还没有做什么事，就开始大肆宣扬自己的努力了，甚至还要求周围的朋友对他宽容些，因为自己在忙着努力。哈佛大学一位校长说过这样一句话：我们尊重每一种选择，但这仅仅是你自己的。当我们一直说要善良正直、守时自持时，对某个层面的人来讲这是基本素质，他们觉得这是成为一个有教养的人的前提。

每周上课前，我们都会建议提前来的孩子去学习下棋，这对每个孩子的思维发散很有益处，时间久了我们发现一个有趣的现象：爱下棋的永远是那么几个孩子，他们的棋艺不错，并且乐意教新手下棋。有的孩子是从来不下棋的，在你一次次的邀请下，他也勉强地坐在棋盘前，但只要有新同学加入，他会马上离开，原因很简单：他不想下。起初我也觉得没什么，因为每个人都有自己喜欢做的事，就让他们去干自己喜欢的事情吧。

后来我发现这些不愿意下棋的孩子去干什么了呢？他们极少去看书，有的自己躲起来玩手机游戏，有的带着自己的乐高玩具和别人玩，还有的实在不知道自己能干点什么。很多时候，这些不愿意下棋的孩子在大部分时间里总是毫无目的地四处闲逛，因为他们还没有找到比这更有趣的事情。你以为他有兴趣玩这个，就让他玩，结果他马上又逃走，我见过不少这样的孩子，没错，他们就是在各个场合通过做其他事来引起别人关注的人。

身为成年人，我们也能发现生活中有这样的人，让他们单独做某件事，他们绝对会说没兴趣，总是以各种理由推脱，结果他们却通过其他方式引起你的注意。这样的人在工作中不太愿意主动帮助别人，也极少寻求他人的帮助。正是因为这样，长久下来，他们的感知能力渐渐被剥夺。工作的时候他觉得工作没有兴趣，对生活也是一副爱理不理的样子，仿佛这个世界欠他一个交代，和这样的人在一起，你也会有一种压抑感，觉得什么都没兴趣。在《自卑与超越》一书中，作者指出，更多的人把爱理解为一种被爱，而不是主动爱和如何爱，因此我们总在等着被爱，也在努力变得可爱。所以很多人终其一生都在等待中度过，他们以为自己不配拥有爱，却不知道爱别人也是一种能力。

因此，我们常常会告诉家长，获得别人帮助和帮助别人同样重要。当一个人懂得去寻求帮助，在群体中用善意来达到自己的愿望时，他便获得了爱。给孩子机会，让他接触到更多事情是很有必要的。我看到一些孩子学习的确不错，可是除了学习他几乎什么都不会，情商的缺乏使他们的幸福指数急速下降；有时一些孩子带着糖果来分享，当其他孩子欢呼雀跃地想要抢着吃时，有人会幽幽地来一句：我家有比那更好吃的糖。唉！反正不知道带糖果的孩子怎么想，我是很为说这话的孩子感到惋惜的，儿童的天真烂漫难道不该体现在最简单的分享吗？

这样的孩子吃糖果从不愿意多说一句"谢谢"，他们只觉得有没有无所谓。可是，我想说，亲爱的孩子，生活的乐趣就是这些最简单的分享啊，当你拒绝别人的好意时，你收获的只是别人对你的同情罢了。

回到我们身边来，我们每个人的身边都应该有一些非常敏感细腻的人，没错，我说的敏感绝对是一个褒义词，这意味着这个人有很强的感受力，懂得换位思考。跟这样的人在一起我们会有种不言自喻的舒适感，他们懂我们，无须我们多费唇舌。但还有一些人，你我一定都遇到过，他们简直是玻璃心，在主动加你好友的同时屏蔽了你。当然，他们可能是不想让你知道更多的信息，只是他们在意的别人未必在意，别人未必对他们的过去那么感兴趣，这样的人内心想法往往过多。据我观察，一些总是屏蔽别人的人，如果他们还有孩子，那不用多想了，这孩子大多胆小。

在《影响力》这本书里，一直有这样一个观点：社会认同感。人们会做许多跟自己之前的行为不相符的事：当别人夸你大方时，你会不由自主地变得更加慷慨；当别人夸你漂亮时，你会对自己的容貌更加自信，因为越自信越美丽；当有人说你高冷有范时，你恨不得见谁都摆出一副别靠近我的架势。没错，更多的人是靠社会认同感来规范自己的行为。

所以，你也能想象，当孩子的父母时时对他人充满敌意时，这孩子说出来的话大多充满暴力；当你看到那些眼神飘忽，从不敢看着别人眼睛说话的孩子时，你一定想到的是这孩子的父母至少有一方是多么苛刻；当你看到那些从来都不愿意表达自己，时时通过做其他事来证明自己的孩子时，你怎么不会想到这孩子的父母做事是多么南辕北辙？你告诉他什么时间、什么地点、什么条件，他绝对会再问你三遍，当孩子的成绩略有波动时，他会第一时间在公开场合质问。这些孩子大多数极度缺乏自信，一个孩子的尊严被这种时时通过其他事情来证明存在感的方式给剥夺了。

一个真正优秀的人，从不需要靠刷存在感来证明自己。

他的身上带着属于自己的独特气质，他可以是欢声笑语的豁达者，可以是低调温和的谦谦君子，也极有可能是有理性、有深度的思想者，最多的是像你我一样默默努力的前行者。没有哪一种优秀更夺目，因为每个人喜欢的东西不同，对生活的感悟也不同。毫无疑问，真正优秀的人走到哪里都有从内到外散发的自信，因此，他们可以胜任一切工作。

当我们内在的精神世界得到丰富后，我们获得了生而为人的价值，没有一种存在是不合理的，你我的生命本身也无须靠刷存在感来证明。

3. 打开格局，超越家庭的局限

跟众多的孩子一起相处，有种感受越来越强烈：幸福家庭的孩子很相似，不幸福家庭的孩子有着各自对不幸福的认知和感受。但有一点值得肯定，父母理解尊重孩子的程度直接影响孩子的幸福感，越在意孩子的感受，并且尝试让孩子感受到更多的美好的父母，孩子往往也能表现出阳光自信的一面。

不论家庭环境怎样，我们总能见到一些努力吸收阳光的孩子，他们像大树底下的小树苗，奋力向上努力着，希望阳光能照到自己，但努力成长并不容易，因为原生家庭的生态环境是贫瘠的，他们想要长高就必须依靠自己的力量，他们的父母的思维模式过早定性了孩子，觉得别人的孩子和自己孩子一样，大家都是这样教育孩子的。

通常，有独立思辨能力的孩子会从以下几个方向超越家庭的局限，虽然孩子所选的这些角度可能会让父母很恼火，但确实是他在成长与超越。

第一，保护自己的天性

有的父母拥有特别好的孩子，在未见到父母前我们甚至在想，怎样的父母才能培养出这种谦谦君子的气质，但一见面发现不尽然。有的父母对孩子相当缺乏耐心，除了吼叫就是各种责怪，但孩子好像都能接受，甚至还以微笑报之。一次一个小男孩正在给教室擦桌子，看到爸爸在门口出现后赶紧放下抹布，他悄悄对老师说，爸爸不让他干这些活，爸爸觉得为集体干活是傻子的行为，但孩子就是喜欢为集体服务，爸爸不让干就偷偷干，他一点也没少干。这个孩子很是可爱，孩子的天性里有纯真率性，他觉得老师在夸奖有集体意识的小作家，自己就应该服务别人，这样做让他收获了快乐和满足。

苏霍姆林斯基说，没有抽象的孩子。在和他们相处的过程中，你会发现善良向上是孩子的天性，没有孩子不愿意变得更好，重要的是我们要帮助孩子意识到自己身上的美好，并去保护和完善它。

这个孩子天性里的自我没有被破坏，不管大人施加什么不好的影响，他知道该怎么做，坚持自我的同时又不公然违抗父母的指令，很是聪明。

第二，多亲近优秀的人

近朱者赤，近墨者黑。

有些父母对孩子的教育方式可谓简单直接，只要是自己不懂的就觉得是不需要了解的。有的家长不让孩子用电脑，觉得没用；有的家长不准孩子读历史书，觉得书里写的都是歪曲的故事；有的家长遇到孩子不会做的题目时，便会骂孩子笨，责备孩子上课不听，且不允许孩子有任何不同意见，甚至不允许流露出一丝一毫的不满意。长此以往，有的孩子越发不爱表达，很多情绪积攒在心里，精神状态日渐低落，做什么事都提不起兴趣，看上去常常满脸愁容。

作为孩子，如果感到不快乐就要试着让自己重新快乐起来，这时候你要知道并不是所有成年人都比你知道得多（也许也包括我们的父母），我们要试着自己冲破迷雾。比如多看身边人的优点，多看那些阳光自信的同龄人是如何交友学习的。赏能一直在鼓励团队协作，还有一个深层原因是希望孩子相互择优而学，择长而扬。同龄人之间相互影响的重要性不可置否，小时候，我们看到自己崇拜的人，总希望自己也能成为那样的人，同龄人之间可以聊共同的话题，发表对某件事的看法，这都有助于孩子健康三观的养成。

有个小女孩才三年级，不知何故，总是听到她说出超越了实际年龄的话，什么"男人靠不住啊"，"男人没一个好东西"等，一开始让人大吃一惊。作为老师，当我们听到孩子说这样的话时，就需要及时关注，尽量让孩子和天性乐观的孩子一起说话，少一点成年人的思考。后来我引导她和几个快乐的小女孩常在一起之后，她就开始关注女生们关注的问题了，比如"最喜欢什么颜色，哪个人长得好看"等，渐渐回归了一个孩子的童真天性。

一些孩子精神世界的丰富已超越了成年人，他们热情有活力，拥有好奇心，对身边的一切都充满敬畏心，他们远比我们想象的更优秀。

第三，不要把别人的"得"当成自己的"失"

仔细观察就会发现，那些快乐的孩子都有份随喜的心情，他们听到别人有好消息时自己也跟着很开心，听到别人得奖，就好像自己得奖了一样，保持这种随喜的心情，整个生活每天都是明亮的。

一些孩子拥有慧根，特别向上，但苦于家庭教育的局限，让阳光四射的孩子渐渐沉寂下去了。一个孩子曾不无遗憾地告诉老师："我特别想做班干部，可是我妈妈不让我做，说耽误学习还得罪人。"最后什么都没当上。我跟这个孩子说："你看那些当上班干部的学生有耽误学习吗？他们是不是失去朋友了？"这个没有做过班干部的孩子后来更有责任心也更有全局观了，做事情能考虑结果，不会只从自己的角度出发。考虑得失都是我们内心的感受，因为我们在乎，所以老是担心失去，当你以坦然的心态看待时，才发现任何事情都是有两面性的，选择这个就意味着失去那个，但不要把别人的得当作自己的失。

《快乐就这么简单》里讲了这样一个故事：

贤二的师傅正在分红薯。贤一有了，贤三有了，贤五和贤六都有了，等到了贤二面前，红薯已经分完了。师傅说："没有了。"贤二说："为什么就我没有？"师傅说："他们得到红薯你又失去了什么？"贤二摸摸脑袋想："对啊，好像我自己什么也没失去啊！"师傅又说："不要把别人的得当作自己的失。"贤二若有所思地点点头。不过贤二当然是贤二，最后等到大家都散去的时候又问师傅："您是考验我的吧，我的红薯呢？"师傅说："真没了。"

每次我都会思考这段对话，生活中的我们更多时候就是贤二，想着为什么别人有而我没有呢？可能我们看不到贤一的智慧和贤三的勤快，甚至也看不到贤五的执着，贤二只想到的是自己没得到。当然，境界更高一点的人会放下，得到的就得到吧，这次没得到下次再努力；而那些得到了红薯的人则根本没把分到红薯当回事，有什么吃什么，没有就没有，把放下也放下，心无挂碍，所以总能超然物外。

看到那些可爱的孩子，心里总是不由地生出欢喜：真实、自然、纯粹。每个人都无法选择自己的出身，从我们一生下来，命运的轮廓大致已经定下了，我们只能是和父母一样的肤色、中等大小的眼睛、身在某个大城市或者小县城，后天的努力却能为我们打开一扇窗。大房子已经建好了，地基和选址不是我们考虑的范围，因为我们无法选择父母，所以我们要试着打开格局，超越家庭的局限。

重要的是自己知道想什么、要什么，并努力追求，这就够了。

4. 认真，让你与众不同

每天反复做的事情造就了现在的我们，慢慢你会发现，优秀不是一种行为，而是一种习惯。

当老师给你和你的同学布置了一项课外任务时，总有人会完成得超出你的想象，你以为你已经按照老师的要求做了，但没想到还有人非但完成了老师的要求，还用自己的创意赢得了他人的尊重与赞美。你会发现，再细小的一件事，他们都能用心对待，就像葡萄牙球星 C 罗一样，他的教练和队友说他每次训练都是全力以赴，即使成为超级球星后也依然如此。这种认真的态度，让他成为最闪耀的一颗星。这世界怎么可能拒绝认真的人呢？

为了让更多的孩子得到锻炼机会，每周我们在微信群里会进行一分钟的"小主播播报"，就是这短短的一分钟，让我再次感受到认真的意义。如果一个孩子对每件小事都能认真、用心，还有什么事是他们做不好的呢？怪不得他们呈现出的状态如此完美。

周日的晚上我告知夏雯静妈妈，下周二的时候让夏雯静准备一分钟小主播，结果在周一的时候就收到了夏雯静妈妈的留言：夏雯静今天上课，不过她自己已经多录了几遍就是为了周二晚上的效果更好一些。我深受触动，认真的人做什么事都是认真的。夏雯静妈妈准备的微课也是如此，十分钟的微课她会提前写好稿子，并且发来让老师看看自己的内容是否合适，夏雯静妈妈将这种品质传递给了孩子。那天晚上，夏雯静朗读的是余光中的《乡愁》，读得深情流畅，大家觉得特别好。夏雯静妈妈私下跟我说夏雯静对自己的播报还不够满意，如果时间允许，她做得还要更好。听完我是彻底膜拜了。

如果这只是个例的话，也许像我这种容易自我安慰的人很快就放松了，但那些优秀的人已经把认真融在骨子里了。每次跟勇乐妈妈相处就会有这种感觉。有一次，勇乐妈妈为勇乐上传了三篇作品，文章审核通过后我发现每篇文章都很精彩，就推荐了一篇到群里，结果勇乐妈妈私下留言说："牛老师，不好意思，我给勇乐上传作品的时候检查得不够仔细，有个错别字，您帮忙改一下。"

后来勇乐妈妈的截屏显示是一个"地"字的用法不正确，那次改完后，我把这件事告诉了我的家人和朋友，那些优秀的人总是尽善尽美。常听到人们说不要那么较真，这没错，但要达到优秀或者超越优秀必须要关注每个细节、去追求极致。勇乐之所以能成为最优秀的小作家代表，勇乐妈妈之所以能让大家感受到那么有魅力，都是因为他们对每件事的认真态度，在他们身上我再次体会到了什么叫追求极致。

很多时候都能听到老师们分享自己班上孩子的故事，那些优秀孩子的身后更多的是认真的父母。有一次，听到一位老师说他们班上一位孩子的爸妈读了小孩的每篇文章，对孩子的写作特别重视，当他们发现有哪些事情是意料之外的也会及时与老师沟通。更难得的是，他们还会对孩子的作品进行点评，这种认真让孩子越发重视写作，对自己的要求也越来越高。

在每个孩子刚来到赏能时，我们会在家长课堂上对家长提出要求，希望家长通过孩子的作品了解孩子内心的想法，多上传孩子的作品，多看看孩子写的长篇小说。让人感到欣慰的是，总有那么一部分家长，看到孩子的文字后能及时了解到孩子的内心，他们不只是物质上关注孩子，更多的是关注孩子精神世界。

做赏能老师，受益更多的是自己。每个孩子身上都有阳光的一面，他们总能在某个时间照亮你、温暖你，让你变得更好。尤其两个女孩让我深受影响，她们是朱咏怡和卢奕文。第一次认识朱咏怡，我就被她温和认真的眼神打动，老师说过的每句话，布置的每项课前作业她没有一次是做不到的。有一次我随便说了一句，"明天上课时咱们要评选字写得最好的小作家"，下课了见她还没走，我便问她怎么还不走，结果她说她感觉自己的字写得还不够好，这个孩子就是这么认真。卢奕文是我见过的女生里对自己要求最严格的了，她是那么专注。如果下周有演讲，她常常会为已经准备好的演讲稿配上图片。如果说下周要背诵古诗词，她严格要求自己要做赏能背诵古诗词第一人，于是很快就挑战了教材里的许多古文。她花了一周时间就把梁启超的《少年中国说》背熟了，让我至今惊叹不已。她就是这么上进，总在追求自我成长。在面对这么优秀的孩子时，我一次次感受到了自己需要提升的地方还有很多。没有人是天生的赢家，但总有人通过努力让他人刮目相看。

认真了你就输了，那是一句玩笑。真正高手的世界里，认真是每个人必备的基本素质，如果我们身边有人具备这种品质，迎接他的必将是一个不一样的世界。

第一部分：

对孩子说的话

一
一
一

5. 摆正自己的位置，把心安好

什么都想要的人，往往什么都得不到。

平衡，是这个世上最美妙的词。当你在某一方面得到时，必然会在其他方面失去一些。我们看到的都只是我们想看到的，可有人偏偏只能看到别人拥有的，却看不见自己拥有的，那些在你看来习以为常的东西可能就是别人苦苦追寻的！

看好自己的心，因为欲望是没有尽头的。当我们拥有了某种东西时，渴望拥有另一种东西的情感会变得强烈。

一、心静了，世界就明亮了

苏轼在北宋那样动荡的年代，把生活过成了一首首诗，让后世之人仰慕至今。林语堂在民国那样激荡的岁月，心中还不忘对艺术的追求，他写的《生活的艺术》，成为西方人的枕边书。

美国电影《卡特教练》里卡特教练反复问自己的球员一句话：你最怕什么？等他们赢得了数场比赛并变得无所不能时，他的学生们悟出了一个答案：我们最怕的是我们前途无量，是我们光明向上的一面，不是阴暗面，当我们从恐惧中把自己解放出来时，我们的潜力才能得到释放。

小作家队伍里有这么一些孩子，他们小小年纪，却表现出一种平和的气质。毫无疑问，这些孩子懂得坚持、懂得付出，他们简单纯粹，相信大道至简：要想成为受人欢迎的同学，一定要先去欣赏别人；要想成绩领先，一定要有主动学习的意识。他们的学习习惯很好，很少听到这些孩子抱怨。他们不怕困难，迎接困难是他们获得勇气的途径，要是克服了困难他们会更快乐，这些孩子的家庭有着很大的共性：父母温良谦恭、待人真诚随和、自信从容，孩子很崇拜自己的父母，父母发自内心悦纳孩子，双方建立了高度的精神关联。

二、烦恼都是自找的

佛家有个词叫"自执"。有这样一个故事：一天一位信徒看到有人在拉车，很是费力，他很想去帮他，可是在帮还是不帮他的过程中，他产生了矛盾和纠结，可是人家拉车人根本没要求来帮他，是他自己增添的烦恼。另一个故事这样说：一位小和尚跟着师傅过河，他们在河边遇到了一位也想过河的女子，师傅背着女施主过了河，这时候小和尚开始纳闷了："师傅，男女授受不亲，你怎么背她了？"师傅淡淡地说了一句话："我已经放下了，你却还背着她！"个人的修行境界马上体现出来。我们很多的烦恼都是由我们自身衍生的。

比如，一次成绩没考好，小孩感觉糟透了，心情也跟着开始低沉。于是想，考得这么不好，回家爸爸妈妈肯定要责骂的，于是进门后蔫头耷脑的，爸爸妈妈喊吃饭也听不见，自然少不了挨骂。他就在心里想，你看，爸爸妈妈知道我成绩没考好，已经对我表现出了不耐烦，于是他越想越难受，心情更加不好。可直到下次他成绩又考好，爸爸还是一如往常地拍拍头："考试成绩是你自己的事，为自己负责就好！"他才发现爸妈并不知道上次他的月考成绩没考好的事，这种烦恼就是自己徒增的。

现在，很多父母常常会对孩子说："你不好好学，让爸爸妈妈多丢人。"好像学习不是孩子的事情，而是为父母争光的事。要么就是另一个极端：只要孩子学习好，其他所有事都能罩着，所以孩子很少有什么利他行为，也不会有感恩、分享的心态，他们常常以自我为中心。那些极其自信的父母心态非常平和、谦卑，他们尊重自己的孩子、爱护别人的孩子，这种父母在社会群体中往往能受到更多人的尊重，他们总是在引导孩子的道德发展，鼓励孩子的利他行为，遇到这样的父母是孩子的幸运。

三、问问自己，你想成为怎样的人

很多人活了一辈子，生命临终前都没明白自己为什么而活，活得是否有价值，或者只是皮囊在人世间走了一遭。萧红曾经说过：作家就是来消除人类愚昧的！我们仔细想想，我们的这一生难道不是为了认识自我并去尝试着改变自我的吗？

在生活里，我们依然能见到一些老人到年老了依然有"煞气"，时时大着嗓门，一副我怕谁的样子。真为这样的老人感到惋惜，他们活了一辈子都没有怎么感受过尊重别人是一种怎样的体验。

当我们开始抱怨时，要赶紧停下来，你的父母、同学看着你呢！你无法选择家庭，却依然可以选择怎样的生活态度。佛家有句"佛度有缘人"的话，当我们还能意识到自己存在不足时，那么我们是真正幸运的，上帝对人最大的奖赏就是让他成为好人！

看好自己的心。

静待
花开

6. 所有的美好不过是心想事成

作家曹文轩说，千百年来，全世界的作家都在做着同一篇文章：生老病死！不管身处世界的哪个角落，你都离不开最琐碎的生活，这就是生活的本真。但让人欣慰的是，每个角落都有梦想的种子生根发芽，让我们感受到生活的美好，而这些美好不过是心想事成。

心想事成的人，总是有目标的人。他们相信自己可以，果然一个个梦想都渐渐实现了。尽管他们一步步实现了自己的梦想，可依然不骄不躁，因此，跟他们在一起总感觉到特别惬意。

在我认识的孩子里面，有总是出其不意地给身边人带来惊喜的。尽管众多的"不可能"在他们身上变成了"可能"，他们还是那么谦虚。那个叫L的女孩，一次次让我震撼。暑假的时候她以优异的成绩被南京市最好的两所中学同时录取，最后她选择了其中一所。好多家长、孩子都很欣喜，觉得这女孩太棒了，可是，看了她的做事方式你就知道，对她来讲，一切都只不过是水到渠成。

暑假期间，大家每天都会背诵几首诗词，大多数孩子会把它当作一种任务，只背诵要求的几首，但L每次都是超出要求范围，而且挑战的往往是有难度的。最让人难忘的是，在休息的一天，她也在坚持练习背诵，说既然开始了就应该每天坚持。说实话，我当时很惭愧，因为我自己也制订过不少计划，却没能像她这样坚持。

课程快要结束的时候，我告诉大家有人把《少年中国说》背诵大半了，结果L说："老师，我也要背诵，我要做赏能背诵第一人！"开学时她不光背诵了整篇文章，还多背诵了几篇古文。因为认真，所以她已经成为大家的偶像了；因为幽默有趣，每次看到她我总觉得快乐无比。对于未来的她，我们不必做任何预测，她一定还是那么认真。

另一个孩子也让认识他的人感到很荣幸，这又是怎样的一个孩子？他简单自然、率性天真，遇到自己不认可的事情就会发表观点。同样，在他的身上我们总能看到非同一般的坚持，他喜欢数学到了一种境界，每天必须要做几个数独才肯吃饭。因为这种真爱，他获得了一系列荣誉，面对荣誉他没有满足，通过和高手们的交流，他总能及时反思自己的不足，他每次写的文章都是内心的思考。面对别人的优秀，他不逃避，而是选择主动学习。他做得好已是一种常态，不了解他的人总说这个孩子天资非凡，但接触了太多聪明的孩子后，我知道让他取得这些成就的不是他的聪慧，而是身上那股不服输的劲头！

做老师以来，我一直在思考一个问题，那些敢想的人为什么总能心想事成？渐渐地，我找到一些共性：

首先，他们都有目标。他们发自内心地热爱工作、全情投入，相信"一分耕耘，一分收获"。面对未知，他们不畏困难。享受学习的孩子，他们感恩知识带给自己的充实，为未知而学，进步总让他们想继续前进，目标让他们知道可以通过努力改变自己。

其次，他们敢想。科学界倡导"大胆设想，小心求证"的精神，没有一种科学发现不是建立在打破常规的想法上。同样那些天性保护得特别好的人，无论是成人还是孩子，他们总有自己的想法，有喜欢的东西，并常常反思怎样才能做得更好。他们越思考，目标感越强，终于一切都朝着更好的方向前进。人最怕的就是给自己设限。有些孩子可能之前受到过一些消极暗示，对很多事情总是不敢碰触，比如公开表达自己的看法。其实私下了解后你会发现他们特别想让别人注意到自己，只是不敢。有的大人也不相信自己。有次就听到一位朋友说自己孩子跟她一样胆小，她有一次没带钱包，所以中午就没吃饭，她根本不会想到向别人去借。而自己的孩子也会如此，只要没带公交卡就不去学校了，要是没带饭卡就不吃午餐。这位母亲很怕别人拒绝，所以培养出来的孩子也这样。

最后，心想事成的人执行力总是很强。一些人喜欢一样东西会一直喜欢下去，比如一位立志做公交车司机的小作家 C 到现在还是喜欢公交，爱着数学的 YL 到现在更爱了，喜欢研究服饰的女孩小徐徐好像更快乐了……那些成功的创业者们无一例外都有强大的毅力，并坚持目标直到成功。

当你努力了，你会发现身边的人变得更好了，因为你总在发现别人的好。事实上，因为你对别人好，越来越多的人会成全你。别怕自己在人群中显眼，因为你值得大家瞩目，你的闪亮会是愿意变得更好的人的动力。同样，也别担心自己过于平淡，只要你的内心是快乐的，美好的东西会像空气一样包围你。只要你敢于想并去努力做，你将会收获一个全新的自己。

7. 读书就是学习如何做人

我是个爱读书的人。我的阅读范围中，名家传记占了不少的份额，古今中外、男女老少、政商军教等各种类型的名家传记我都会去读。读这些人的生命历程，常会忍不住想，虽然大家生活在不同的环境中，各吃各的饭，各干各的事，但名家都有做人做事的原则。其实也就是那些祖祖辈辈传下来的老生常谈的规范，有些人能做到，人家成了智者，成了名家，多数人做不到，所以身边更多的是常人。这些书的作者都是下了功夫的人，书籍就是这些作者的知识、思想和辛苦的结晶，读书的人自然不能辜负了写书人的期望，做人做事都要有自己的原则。

好书是人生最好的朋友。我身边那些常常能感受到美好的孩子，都是在年龄很小时就已经和书做朋友了。书也是最有耐心，最令人愉悦的伙伴，我一直努力在孩子们的心田里种下读书的种子，在孩子们的心中留住一份阳光，美好的生活可从读好书开始。

有段时间我连续读了几本民国大师传，心里最放不下的是岳南先生的《南渡北归》。它讲述了中国知识分子在时代的洪流中几度变迁，只为保护中国的学术根基。尽管艰难重重，但他们仍以大无畏的英雄主义书写了中国教育史上的奇迹－－西南联大。战火纷飞中，大师们身负扶大厦之将倾的重任，为后世留下了一段慷慨激昂的峥嵘岁月。西南联大被称为中国教育史上的珠峰，我很庆幸以前读过一些与大师们相关的篇章，再读这本书时更感受到了大师群体的非凡精神。大师们将读书和做人融为一体，做人简单率真，治学严谨精深。

全面了解一个人通常是通过他所读的书和所交往的人来做评判。大师们大多留学归来，当时中国积贫积弱，很多好书国内没有，在国外求学的日子里，这些年轻的学者常把生活费节省下来买书，因为好书太多，不少人每到月底就要挨饿，但下个月有了生活费还是会继续买书。书是精神食粮，没有精神食粮的滋润，人的内心是会枯萎的。书的陪伴和人的陪伴是一样的，人应该活在最好的陪伴中，那些珍贵的好书让大师们度过了最丰盈的求学生涯。

一本好书就是最好的生活老师，会读书的人从书里读到如何做人。

陈寅恪先生被称为教授的教授、大师的大师。在不堪重负的国难面前，在学界声望隆隆、知识渊博且精通多国语言的他只要愿意，便能过上相对富裕的生活，改善当时拮据的状况，但他有自己的气节与傲骨，不愿为日本人做事，数次将生死置之度外。为了逃离沦陷区，本有机会治疗的眼疾因此耽搁，一只眼睛很快失明，加之其治学极其严谨，每日查阅大量典籍，另一只眼睛也变得模糊。可以想象对以读书研究为己任的国学大师而言，失明是多大的打击啊！而最让他痛心的莫过于花费了几十年精力，用蝇头小楷批注的大量尚未经最终整理的珍贵手稿在南渡过程中被偷"宝物"的小偷掉了包——为了躲避日本人，随众位教授一起从北京大学"出逃"的陈先生把这些心爱的研究成果打包邮寄，但他最终在西南联大收到的只是几箱被包裹严实的砖头，那些他以几十年功夫整理出的半成品的、真正的无价之宝最终落了个不知所踪，陈先生见到邮包里那些砖头时当场昏厥。物质生活苦一点能忍受，可精神生活不能贫瘠。大师们在那样一个生存都是考验的年代，内心最关注的还是自己的学术研究，追求着精神世界的自由。

李济是中国考古第一人。八年抗战中的南渡局面造成医药紧缺，加上战事不断，使他中年痛失两位爱女（大女儿离世时 16 岁，二女儿离世时 14 岁），在花一样的年纪里，两朵美丽的鲜花还未来得及盛开，就相继凋零，她们都是因生病缺药错过治疗而病故的。当时已经高龄的李济的父亲在两位孙女相继离开后，身体也很快垮了，他的痛苦又加重了一层，这种痛想来是常人难以承受的。大师李济在很长一段时间里默默寡言，黯然伤神，但他还继续承担着中国考古工作的研究，个人的悲痛再大，国难面前，大家选择的只能是承受。

梁思永是梁启超的次子，是中国田野考古第一人。从哈佛大学毕业后，他的视线就再未离开故土。危险的田野考古工作，给他的身体留下了诸多伤病，病情严重时常卧床不起。在四川李庄的那几年时间，他一直与病痛做斗争，但就是在这样的环境下，他的考古研究工作一直没有停下来，身边人劝他好好休息，可他说留给自己的时间不多了，现在不将研究资料整理出来，这几年的考古工作就白费了。贫病交加的生活让这个天才英年早逝，但他的精神却一直传承了下去。

傅斯年是位脾气火爆、性情直率的山东汉子。作为中央研究院史语所所长，他广纳贤才、招兵买马的大举措，让史语所成为当时顶尖的研究所。再加上动不动对自己看不惯的"小人"笔墨讨伐，非要自己骂舒坦了才停下来的性格，让很多人对他爱恨交加。傅大师做任何一件事都追求做到极致，由于能力出众，他同时担任多项职务，但他始终知道什么最重要，中国的学术根基有赖于几千年里文化传承者们孜孜不倦的前仆后继，他也以此为己任，不论做什么工作，都力求保持本色，严谨治学。

梅贻琦做了三十多年的清华校长，风度翩翩，犹如诗经中走出的谦谦君子。即使在昆明"跑警报"的日子里，他也是一袭长衫，步态从容，让学生们从校长身上看到了淡定从容。在掌管清华的日子里，他一再说自己没有什么能力，但他教授治校的风格却让清华大学成为真正学术自由的地方。就是这样一位看似文弱的校长，在几次学生游行事件中，又大胆站出来保护学生，并当面放言：如果当局敢让学生流血，他就要跟人拼命。那种气节让人望而生畏。知识分子在民族危难之际，以保护文化命脉和广大学子为己任，再一次让人感受到大师们的高尚。

大师们高山仰止的品行和海纳百川的胸怀，让今天的我仰慕不已，大师们身处在一个大多人苟求性命于乱世的时代，他们依然恪守师道，在那样一个风雨飘摇的年代里屹立不倒。探究他们的成长之路，可谓是真正的精英成长的过程，许多人留洋归来，学识精深广博，很多人早早就在学术界取得了非凡地位。他们把读书和做人当作一回事，读书越多，做人越简单真实，他们内心始终有坚定的信念，做正直的人，磊落坦荡。后世人尊他们为大师，以至于发出"大师远去再无大师"的感叹！纵观大师们的人生历程，他们个个以好书为友，以追求学问为毕生志向。与书为伴，让他们临危遭难时比别人多了一份信念，好书陶冶过的性情和广博的知识在日后的苦难生活里带给他们心灵莫大的慰藉。

一个人的生活世界很大程度上也是他的思想世界。大多人的物质生活是差不多的，但有思想的人能在简单生活中找到心灵的寄托。

无独有偶，读到冯骥才的《俗世奇人》后我也是感慨连连。不管是泥人张还是刷子李，亦或是苏七块，他们身在江湖，遵守江湖的规则，做人做事都按规矩，不背后使阴招。正是因为大家都遵守规则，所以高人辈出，尽管平日看起来不显山不露水，但大家心知肚明，山外有山，人外有人。彼此把自己的看家本领一次次往上提升，修炼成了一手绝活，并养成了一身正气。

　　放眼四周我们常常能看到，善良豁达的人一直在付出，冷漠自私的人总在索取。社会上时时有暴力事件，不讲规则的人似乎也没完没了，有时候媒体也没有正确引导舆论方向，一味放大个人行为，让许多不能独立思考者人云亦云，义愤填膺地跟风批判别人的同时自己变得更麻木。只要我们还生活在一个环境中，就有义务为身边人留住一份美好，这需要留住口德，多提升自己。书读多了，对个人得失就没那么在意了，就能分辨善恶是非，就有了自己的原则和底线。读好书的过程里，自己的心灵会不断得到滋润，宽容待人就能给身边人带去一份美好和豁达，也能让自己的生活更加幸福。

　　与书为伴，就是与智者同行。读书就是学习做人，好书读不完，学做人也是一辈子的事。

8. 只有智慧才能理解智慧

　　不是优秀的人不合群，而是你不在他的圈子里。当你不具备一些能力时，你连高手的圈子也看不见，只有智慧才能理解智慧。

　　科幻迷们都读过《安德的代言》这部硬科幻作品。猪仔（另一种智慧生物），一直被人类认为是一种异种。在人类看来，猪仔残忍地杀害了对他们有恩的外星生物学家皮波和丽波，研究猪仔长达五十年的外星生物学家自以为没有人比他们更了解猪仔，所以对猪仔的做法产生了愤怒和不解，直到安德出现，人类才明白：原来猪仔是以一种信仰的方式去对待人类，他们以为人类和他们一样可以有第三生命形态。（对猪仔来说，被种上树和能够给别人种树，都是非常光荣的事情。那棵小树苗从猪仔身上吸取养料，很快生根发芽，茁壮成长为一棵参天大树。猪仔的意识也转移到了树上，被称作"父亲树"。）

　　虫族女王作为虫族的幸存者，主要靠意识和安德进行交流，智慧生物彼此能听懂对方的语言，这是科幻作品里描述的。现实生活中又何尝不是？高手只和高手过招。智者之间的交流，有时候更多是一种惺惺相惜的对弈。

　　对历史比较了解的人可能还知道这样一段故事：国共两党对峙期间，国民党高层军官们制定了天才级的作战方案，他们结合天时地利，执行了一场场几乎没有漏洞的作战计划，但共产党高层很快就能将计就计，采取另一种作战方式。双方虽然在较量，但彼此都知道对方拥有最聪明的头脑，在听到一方作战失利后，另一方最高指挥官还会流露出英雄相惜之情，听到战神一样的国民党陆军中将杜聿明最终被俘时，共产党高层还是有些感慨的。

　　在以 543 部队为原型的电视剧《绝密 543》中，新组建的解放军导弹部队刚开始用导弹打 U-2 飞机时，每一次的胜利都是至高荣誉。但"岳振华"所在的 543 部队每当击落国民党王牌飞行员时，他总会担忧对方的生命，虽然是对手，但他们彼此了解成为一名优秀的空军飞行员需要付出的努力，他们知道彼此都是对方前进的动力。当你的对手足够强大时，你才会更强大，聪明的人培养对手、尊重对手。

回归到和孩子的相处上，有时课堂上让孩子们一起玩"24点"（简单的数学运算，任意四个数字通过加减乘除得到24）。本来是为了换换思维，可是总有人秒杀大家，随后运算慢的孩子就不玩了，这个高手只好退出，只有他退出了别人才有机会赢一次，其实这样并不好。看到差距我们可以多练习，嫉妒别人也于事无补，只会失去进步的机会。这个高手退出时说了一句：无敌是多么寂寞。

孩子们之间也喜欢切磋棋艺，当围棋高手们遇到一个实力相当的对手时，总是异常兴奋，他们觉得终于可以放开大干一场了，因为平时遇到的对手不能让他们尽兴，我想这种感受只有那些高手们懂，他们说的话我们可能不懂，但总有人懂，这就够了。

暑假期间，很多只闻其名的小作家们终于彼此见面了，"英雄"相见难免惺惺相惜，一个孩子回家后还跟自己的家人说他太喜欢某个小孩了，感叹他怎么那么可爱……原因只有一个，一个本身强大的人才会真正关注到高手，高手的对手都是高手。你被什么样的人影响就证明你是什么样的人，高手总喜欢和高手过招。

学期中间，我让每个孩子写下他们最大的烦恼，结果有个孩子写的是：没有人懂我，没人听懂我的话；还有个孩子写的是：觉得许多人很庸俗，自己不想跟他们说话。这两个孩子都是学习能力很强的人，他们有自己的学习方法，两人都超级喜欢阅读，他们是真正的高手。他们的幸运在于遇到了懂他们、愿意聆听他们烦恼的父母，父母会告诉他们，"做任何一件事，不要为了别人做，你不可能取悦所有人。"所以这两个孩子虽然有烦恼但还能保持自我。

我曾经也遇到过类似的天才，但很可惜，孩子的父母觉得孩子不合群，老喜欢做些无用的事，想些无用的东西，一个天才就渐渐被打压下去了。后来见到那个孩子时，他已经没有了以前的灵气，对什么事都提不起兴趣来。不是所有人都能幸运地遇到懂自己的父母，每个人都有机会成才，但监护人的思想认识、受教育程度都会直接影响孩子。当孩子表现出某些他们不懂的专长时，有的父母会更加好学，争取自己能跟上孩子的成长；而大多数父母认为大众认可的才是应该关注的，多少天赋异禀的孩子的才能就这样被压制在了萌芽状态。

如果我们有机会和那些比我们厉害很多的人接触，不要只是羡慕或者远远观望，而应该近距离感受一下他们是什么样的人。如果你还未发现身边有这样的人，那就打开书本，历史的长河里总有人和你心心相印，他懂你，你也懂他。

如果你是高手，这世上一定有人和你相向而行。

9. 优秀孩子，一定懂得自我教育

一个少年，只有当他学会了不仅仔细地研究周围世界，而且仔细地研究自己本身的时候；只有当他不仅努力认识周围的事物和现象，而且努力认识自己的内心世界的时候；只有当他的精神力量能用来使自己变得更好、更完善的时候，他才能成为一个真正的人。

——赏能视点

在赏能课堂上，小作家们有一个多小时的创作时间，在这个看似宽松自由却考验每个孩子内功的环节，我们发现有的孩子在创作上存在较大困难，单独辅导也好，集中谈论也好，他们好像总是领会得比较慢。

为什么有的孩子总在努力学习，学习成绩依然不尽如人意，他们非常重视学习，但所取得的成效并不显著；有些孩子对学习的兴趣相当低，以至于学习起来相当吃力。起初，我们以为他们是所谓的"缓慢型"孩子，但后期观察发现这些过于贪玩的孩子在如何玩上一点不亚于同龄孩子。那些看似用功甚至"刻苦"的孩子内心甚至是不愿意按时完成学校作业的。是什么原因导致他们"表里不一"？我们便开始了赏能老师的独特探索之道：从书本里找答案！的确，如我们所愿，苏霍姆林斯基用30年的研究为我们揭示了影响孩子优秀的根源：自我教育！

可以肯定地说，如果一个孩子善于自我教育，那他绝对是个相当出色的孩子。借用苏霍姆林斯基在《给教师的建议》一文中的原话：一个少年，只有当他学会了不仅仔细地研究周围世界，而且仔细地研究自己本身的时候；只有当他不仅努力认识周围的事物和现象，而且努力认识自己的内心世界的时候；只有当他的精神力量能用来使自己变得更好、更完善的时候，他才能成为一个真正的人。

那么如何进行自我教育呢？结合赏能教学过程中的一些实际案例，有以下三个方面是跟我们的小作家息息相关的。也就是说，如果你要成为一个出色的孩子，就一定要做到以下这几点：

（1）学会建立关联

a. 高年级与低年级学生之间的互动

很多大孩子常常对小小孩表现出很不耐烦的情绪，他们只喜欢跟大孩子玩，但很多小小孩则非常喜欢和大孩子玩，在他们的心中，大孩子像老师，总有很多故事吸引着他们。心理学研究表明，这时许多男孩子似乎对自己同年级的同学有些失望，他们更愿意与年长的同学进行智力交往。我们对类似小作家的调查发现，这种孩子大多是偏向理性的孩子。他们知道自己需要什么，自己想要成为什么样，他们更容易在优秀的高年级学生身上看到自己努力的方向。他们会崇拜高年级同学，反而对自己的同龄人变得更加漠视。

如果这种情况发生，建议父母不要紧张，这代表了这一阶段少年的智力发展情况，并且显示其智力是在快速发展的。

案例一： H是一名四年级的同学，他非常低调，学习态度端正，很多事情都是自己独自完成。父母在他学习过程中往往只起到引导作用，但他的成绩异常优秀。他是二年级末来到赏能学习的，一来后就以赏能最出色的小作家W为榜样。W从一年级开始写小说，到现在四年级他也坚持小说创作，而且每节课的创作都是天使级小作家水平，他很善于自我管理。正因为前面有一个出色的高年级同学在做表率，所以，H对自己的要求从未降低过。这里凸显了关联的重要性。

但怎样使高年级的同学喜欢与低年龄的同学玩，这倒是一个问题，我们需要好好讨论一番。我们发现，很多时候，高年级同学跟低年级同学待在一起，会显得比较懒散，甚至他们不愿意跟小小孩多说几句话。

案例二： Y是一位六年级的同学，她是同学眼中公认的学霸，成绩优异，重要的是她还很善于主动思考。一次赏能去明故宫上户外课，Y和几个低年级同学在一起。活动始终，她对几个同伴都表现得疏离有礼，几个真心崇拜她的低年级同学亲热地叫着"姐姐"，并向她求助问题，虽然她也乐于解答，但始终没有对任何一个小学妹表现出亲热。后面我还打趣问她，为什么不多和她们说说话呢？结果人家说，小屁孩，有什么可说的！

案例三： S是一名六年级的同学，他对低年级同学比较有好感，尤其是二年级的孩子。暑假特训期间他甚至抱着二年级的一个小作家看电影，非常疼爱他。问他喜欢小小孩什么，他说小小孩很可爱。后面得知S家里有两个孩子，他平时习惯逗逗小的。看来家里有两个孩子的大孩子，可能对小小孩会有更多耐心。（很多非独家庭的子女一般有比较好的关联，但双胞胎家庭的这一关联还有待验证。）

如何在高年级同学和低年级同学之间建立关联？以下是我们得出的一些经验：让高年级同学体会到与众不同的责任感。

案例四：J是一名五年级的同学，她是老师眼中相对没有规则意识的学生。有一天上课，她两手装在口袋里，我让她把手放出来，她有些不情愿。旁边的同学看到她这样，赶紧说："老师，她在学校基本是趴桌子的，更别说让手从口袋里出来。"我听了很吃惊，便打趣道："看来J还是给赏能老师面子啊。"她的手才缓缓从口袋出来，可是，过了不一会，一位低年级的同学正在进行演讲，当这位同学讲到要少看些漫画书的时候，J很没有礼貌地站起来说："老师，我要去卫生间。"我示意她可以出去。她便晃晃悠悠地出去了，我知道她是一个漫画迷，她是以这种态度来反抗那位同学的演讲，可这种方式其实是不妥当的。

赏能一再强调每个孩子都可以变得很优秀，不能主动放弃某个孩子。但这对老师来说绝对是一个挑战，就是这样的一个孩子，后面的一次课却改变了我对她的看法。

那天她把课调到了下午，那个时段的孩子年级比较低，原本我以为她会嫌弃别人小呢，没想到那天下午她却非常耐心地帮一个小孩梳理写作思路，她甚至告诉那个小孩："你不要这样写，我们写就要写得精彩一些，你这样就不太好了。"她前后花了半小时时间，那个小小孩一脸的满足，非常开心！因为有个大姐姐教她东西，而且还教得那么认真。那天我对她的印象大为改观，也在感慨以前我怎么没有发现。我在心里对自己说，"改变自己的偏见，每个孩子都很好，相信他们！"

看到这，我想起了苏霍姆林斯基在《给教师的建议》中提到的一句话：只有当一个少年把这种愿望当成自己精神愿望时，并在别人身上看到了自己精神美德一部分的时候，他才真正开始了自我教育。

自我教育就是从这里开始的：让一个人去关心另一个人，力求看到自己身上好的东西也能表现在另一个人的身上。

b. 与父母、朋友的关联

案例五：Q是一名四年级的同学，他来到赏能的时间并不长，但是他是一个非常自律、对自己要求极高的人。当他听到赏能的写作班是按照写作能力来分的，他很想自己也能很快升到级别更高的班里。于是，他就主动借鉴别人的作品（有几篇作品是模仿他人作品写成的）。无论是在生活中还是在学习中，他都是那种极为严谨的孩子。孩子的妈妈知道后相当震惊，她主动跟老师反映了情况，我们也给了 Q 妈妈一些建议，最后的结果当然是很美好的！Q 妈妈跟孩子认真交谈，了解了孩子内心的真实想法，并帮助孩子改变了心态。

后面 Q 越来越认真，果然凭借自己的实力升到他想去的更高级别的班级。可惜生活中像 Q 妈妈这样宽容又智慧的实在不占多数，因为我们时常还听到父母对孩子施加有意或无意的语言暴力。（见《原生家庭如何影响我们一生》）

这种行为其实是少年智力活动发展过程中的一些表现形式而已：有些优秀的孩子为了取得更好的成绩，不惜考试作弊；有些品行很好的孩子，竟然因为忍受不了他人言语上的攻击，把同学痛打一顿，而这个孩子之前根本不会打架……这么多看似毫不相干的例子，告诉我们的其实是一个道理：少年正在用自己的方式尝试改变！如果这时候父母对孩子大加斥责，孩子可能更叛逆。作为家长，我们这个时候最好换位思考，给孩子一点空间，跟他们讲明白这么做的弊端，以后遇到类似的情况，孩子便能更好地做出取舍。

父母在孩子教育成长中所起的作用至关重要。恰到好处、有原则的关爱能让一个孩子更好地明辨是非，更加充满力量，更善于协调各种关系，因为他们每天需要和父母做很好的沟通。但现实问题是，我们看到很多父母并不能很好地约束自己的行为，使得孩子在和父母的沟通上出现了问题。

有时，父母对孩子太溺爱，觉得孩子说什么都挺可爱的，没放在心里。结果，孩子很难树立规则意识，在学校里欺负同学。别的孩子的家长不计较还好，但一讲理肯定是自家孩子占下风。这种父母就是把再多的爱给孩子，只怕也很难跟孩子建立真正亲密的关联。

在这里，我要强调一点，一个不会跟父母建立关联的人，也很难跟同学建立健康的关联。

（2）多参加各种劳动

a. 智力活动的作用

节假日期间，我们有漫步田间的机会，有饱览名山大川的眼福，有探寻规律的机会。比如，赏能小作家每学期开展一次户外课，户外课跟孩子们的写作息息相关。最好的教育永远在大自然中，我们希望所有孩子都能去探秘发现。

赏能开展户外课一来是便于老师更加深入地了解一个孩子，看看这个孩子在室外和室内是否不同，看看是否借此能找到孩子的真正兴趣点或者发现其他亮点；二来赏能的户外课，要求孩子们自己去搜集资料，在这个过程中体会记录和整理对知识积累的重要性，这样在户外课上你才能真正有所收获。

但老师不会要求每个人必须去做什么，更多的是给出建议，我们不希望孩子觉得自己又要去完成一项任务。很多教育学家也提到，应当尽量采取各种各样的措施来"粘住"少年们的心，尽量引导他们主动去做一件事，并在做的过程中少一些抱怨，多一些主动尝试。准备过程一般需要一个礼拜以上的时间，我们希望孩子能在这个过程中不断激励自己。

果然，活动一结束，老师会对平时比较"懒惰"的部分学生改变印象，可能平时课堂上的他们只是没找到自己喜欢的学习方式，或者我们的方法还不够好，不足以激发他们内心真正的兴趣。

案例六： C是一名四年级的同学，平时他讲话非常幽默，还很擅长演讲，几乎每次都能把大家逗笑，但他的眼睛很多时候是盯着地上的。看得出他很想让大家认识到自己的与众不同，但又担心自己讲不好，于是，头从来都是低着的。

每回他讲的趣事，那真是精彩！但大家应该能够想到，这个孩子的成绩不是最好的，或者目前来讲，他还没有发挥出最大潜质，老师也只觉得他的"小点子"有点多，平时对他没太多关注。

这次明故宫户外课让我们大吃一惊，他竟然准备了几十页的关于明故宫的资料介绍，再没有人像他这么认真。记得那天他竞选导游，结果以一票之差输给了另一个同学，考虑到他声音宏亮，平时难得这么主动，便让他做副导游。没想到他那么用心，准备这么充分。活动现场，他更是异常负责，给小同学一个个地讲，这让老师们喜出望外。他那天自然收获了满满的信心，就连我们的正导游都开始跟他急了。

这就是智力劳动的魅力。一个孩子愿意最大程度地奉献自己，在这个过程中他把自己的知识和技能贡献给别人。这种劳动带给人的体验往往是最深刻的，并且久久难忘。

b. 多做家务能使人更聪慧

我们可能听很多人讲过，多做家务能使人变得更平和，甚至是更加宽容，这是有依据的。研究显示，在做家务的过程中，人的大脑是最放松的，往往这时候人能够更好地进行思考，甚至创作。

如果你是一个爱做家务的孩子，恭喜你，你肯定是一个乐于分享、乐于奉献的人！生活中的你，拥有最好的玩伴，并且他们都由衷地喜欢你，愿意成为你最好的朋友。当然，做家务是劳动的一类。如果你是一个善于思考，愿意主动探索的人，相信你也愿意在大自然中找寻答案，你喜欢劳动，喜欢动植物，喜欢自然界中的一切。你总是有很多灵感。

千万别相信学习好的孩子只会努力做题，他们肯定也在进行各种各样的劳动，否则，这种学习好只能是短期的。

案例七：C是一名三年级的同学，可以肯定地说，他是我见过的最快乐的孩子。每次见他总觉得他的脸上洒满阳光，他好像从来都很快乐，看到他小小年纪就显现出的那种平和，我有时会感慨，境界跟一个人的年龄无关。这个孩子年纪如此小，但他做事的认真执着让我们感受到一个孩子身上的不凡魅力！

他是赏能小作家里最热爱劳动的孩子！八九岁年纪的他，可以自己洗衣服，也可以做其他任何力所能及的家务。他的爸爸是中国家庭里难得一见的好爸爸，关注孩子一点一滴的成长，几乎记录着孩子成长的每一步。他时时发给老师一些孩子生活中的有趣事，每当看到这些时，我总在感慨，如果大多数的父亲愿意如此陪伴孩子，那每个孩子估计能收获更多的快乐和幸福。

想要跟大家分享的是，如果我们的孩子现在对学习表现出的热情并不高，我们应该思考一下：在生活中，我们是否为孩子做得太多，孩子的世界里除了学习还能找到其他发挥自我能动性的活动吗？这样，孩子学习的热情怎么会高？

（3）重视阅读

a. 养成思考的好习惯

为什么有些孩子在阅读了很多书后依然没什么感觉？甚至有的孩子看到书还觉得烦躁，不愿意看书，只愿意沉浸在画面感极美的影视图像中？苏霍姆林斯基提到，深层的原因在于少年们往往不懂得什么是真正的阅读，不善于深入思考所读东西的含义，他们没有开启智慧的大脑，不会欣赏作品的艺术价值。青少年精神空虚的原因之一，就是缺乏真正的阅读。真正的阅读在于迫使他们仔细观察和了解人类灵魂的复杂性，迫使他们去思考自己的命运和前途。

案例八：L是一名非常聪慧的小学生，他很爱阅读，每天一回到家便开始阅读。不要以为他只是在看书，他很喜欢曹文轩的一套小说《丁丁当当》，他妈妈说孩子因为喜欢这套书，都已经看了三遍。而且看的过程中不断有情感的变化，这便是一种很好的阅读了。看了很多自己喜爱的书，看着书中主人公发生的事，我们自己的情绪也随之变化，这也解释了我们为什么更愿意让孩子看很多充满正能量的书籍，因为少年期的孩子非常容易产生模仿的冲动。书中的主人公善良热情，那么，这个孩子便有意无意地学会了宽容善良；相反，书中的某个小主人嫉妒多疑，这个孩子也会向其靠拢。所以，建议有条件的父母能在孩子看完一本书后和孩子进行交流，让孩子谈一谈自己的感受，听听孩子在想什么。

当他形成了稳定的价值观后，一些消极负面的东西便很难再影响他。这时候，孩子心中充满正义感和使命感，他们愿意用自己的力量去维护一些东西，这就是有些孩子很有担当意识的原因。

案例九：X是一名五年级的同学，她可是一位超级书迷。说她是书虫一点也不为过，每天都背着自己喜欢看的书。记得有一次，她看沈石溪的小说，一会泪流不止，一会又哈哈大笑。好的作家的作品就是给人这样一种力量，书中主人公的故事，让我们有一种感同身受的相惜感。读完它，我们为主人公的悲喜而悲喜，并联想到自己的生活。也许在这个过程中，我们自己也获得了一种能力——做自己情绪的主人！

b. 节约时间读好书

一个最勤奋的人一生能够阅读的书目也是有限的，我们不能被动地等待青少年去"碰上"正好适合他读的那本书，应该主动出击，帮助孩子去发现好书里的真善美。

在阅读的过程中，让孩子体会一种精神，一种可以影响自己的意志力的精神，从而在自己的心中种下一颗理想的种子，等待它发芽结果。

一本好书可以给我们带来很多改变：比如我在初中时读了大仲马的《基督山伯爵》，天哪！从来没有一本书让我那么感动！我反复看，为主人公晦暗不明的命运感到担忧，又被主人公坚强隐忍的品格深深折服。那时候我就在想，法国到底是一个怎样的国家？马赛到底是一个怎样的小镇？它在我心中的神秘感不亚于西西里。也就是在那个时候，我喜欢上了外国文学，喜欢上了阅读经典小说。这为我今后选择文科，进入中文系学习埋下了伏笔。

所以，今天如果有人问我最喜欢的作家是谁，我一定会说大仲马。他的小说影响了我，成为我内心深处的一种力量。多年后，当我面对大大小小的挑战时，我都能想到基督山伯爵在牢狱之中的那些日子，觉得我们面临的挑战真的不算什么。随着知识的不断增长，我又了解到了甘地、曼德拉等名人，他们犹如人生中的一盏盏明灯，让我不断完善自己、改变自己，变得更加坚强。关于自我教育，想必也是一个永远的话题。因为人总是处在不断学习之中。但作为孩子很有必要提早知道这个概念，人天生具备自我完善的能力，如果我们尽早掌握它，肯定是受益无穷的。

最后，想对所有爱孩子的朋友们说一句：珍爱孩子成长的过程，因为每一步都是成长路上的必经过程。给孩子想象的空间，给孩子发呆的时间，给孩子犯错的机会，只有这样，孩子才能拥有自我教育的土壤。想对所有的孩子说一句话：年少的时候用心追求、用心体验，它们将是我们受益一生的财富！

人，应该是为了追求一种更高的生命体验而来！这就是自我教育的魅力！

10. 从不反对父母的孩子有什么出息呢

有人曾说过："大学四年，从不犯错的人不会有出息。"你都没给自己犯错的机会，又怎么可能会有成功的机会呢？别那么担心成长的每一次波动，困难是必然要遇到的，只是早晚的事。

如果你还未失败，证明你玩得不够高级；如果你从未反对过父母，那你一定失去了不少乐趣。做个听话的小孩大多数时候是能得到很多赞美，还能假装自己很开心，可是这又有什么乐趣呢？如果从未被大人批评过，你就体会不到其中的乐趣。

上周的家长课堂上，听到一些朋友忧心忡忡地说，孩子不听话了，开始跟自己对着干了，他们语气中流露出失落和不安。孩子的思想也在慢慢成熟，他们会有自己的看法，在自己价值观形成过程中，他们肯定有过对长辈的质疑，有的孩子表达出来了，有的还未来得及表达就被父母扼杀了。一些父母要的是一个听话的小孩，他们不需要孩子有自己的思想，从不给孩子自己做主的机会，反正发生什么事都是大人来解决。

有时候孩子明知道自己做某件事会挨打或者受到惩罚，但还是义无反顾地去做。小时候我也不喜欢写作业，欠交作业时有时候说本子没带，有时候说作业本被猫抓破了，更离奇的一次是我竟然忘了还有作业，于是跟老师说自己忘了，当然少不了挨板子。

至今让我记忆深刻的一个关于作业的故事发生在小学，老师检查作业时我说没带。但老师竟然让我回家取，令我伤心的是家中也没有本子，于是顺着校门口附近的一条小水渠走。我从来没觉得水渠那么好，可能是只想拖延时间到下课，再回到另一个老师的课堂。那天就想闲着也是闲着，不妨去看看水渠底下有什么，夏天穿着凉鞋，反正下水也不冰，结果刚下去没走几步，脚底就被一块大玻璃割破了。那时候很害怕，以为流那么多血会死，所以哭着跑回去，爸妈根本没问我为什么提前回家，只是关心我的脚伤得怎样。当然因为脚受伤了，我便请了一个礼拜的假。虽然现在脚上还留有一道浅浅的口子，不过让当时的我来选择，我还是宁愿受点小伤，好像没有多少小学生真正爱做作业吧。

今天已经很少能听到孩子为了不做作业和老师斗智斗勇的故事了。既然有些作业真的是可做可不做，还不如找点其他有趣的事来干呢。老师的作业量貌似有增无减，于是听到了不少孩子私下的抱怨，很多孩子为了对抗额外作业，故意把作业拖到很晚写，跟我小时候的心态一样，如果没人逼我的话，反正我就是不写。拖拉这个习惯很坏，我到现在仍深受其害，比如闹钟是六点的，但我还是要等它响第二遍甚至第三遍才起床。偶尔听到一些孩子说自己和老师斗智斗勇的故事，我总能集中精神，仿佛那个小孩就是曾经的自己。

一个六年级的男孩说自己最近很不快乐，觉得老师水平不够，什么都不知道还假装自己什么都懂。孩子的妈妈说，自从升到六年级后，小孩不再跟自己交谈了，问一句他才回复一句，不问就什么也不说，根本不是以前那个惹人喜欢的小男孩了。其实，孩子跟树一样，在生长的每个阶段需要的养分是不同的。小时候，父母是一切，所有的酸甜苦辣都要跟父母分享；渐渐长大了，孩子便有了自己的秘密，有些事只希望和自己的朋友分享，但父母这时候无法适应，觉得孩子不懂事了，处处和自己对着干，对孩子各种不满，孩子也越来越不愿意和父母交流了。现在来看，当时真不是故意要惹父母生气，只是有时候最烦身边人，尤其是家里人，恨不得早早飞出去。

心情烦闷的时候，任何一件小事都可能是导火索。我小时候最不喜欢我妈一大早上一次又一次喊我们去上学，那时候想，怎么大人就还可以睡？于是故意不答应，等到她喊了几遍还是没有人回应后，她会冲到我们的房间，直接掀被子。有时候就是不太想去上学，故意让自己迟到或者通过晚起床表达一下不满，还不被父母理解，那就宁愿挨个打继续在家里待着。其实待在家里的感受也好不到哪去，因为在想着学校里发生的事，会不会老师叫我名字了，磨蹭上半天就想着还是生个病吧，于是软磨硬泡让家人给老师打电话请假，父母搞不定时，就连邻居阿姨都被我央求过冒充家长。

现在上学不同于过去了。出于安全的考虑，很多孩子都需要父母接送，孩子失去了一些独处的时间，自然发生矛盾的机会更多了。一个女孩的妈妈为了让孩子起来，走到孩子的房间直接把窗帘拉开了，就这一个动作，让孩子很生气，她希望妈妈马上放下来，可妈妈更生气，执意如此，最后孩子生气地说："我今天不去上学了。"最后妈妈火冒三丈地说："不去就不去，又不是给我上学。"小时候我也经历过类似的事情，最生气的莫过于父母自作主张、不征求我们意见就直接发号施令，尤其对我们自己的事情更是如此。

幸运的是，这个孩子爸爸脾气很好，马上跟孩子解释了妈妈的做法，"早上让阳光照进来对身体好，你妈妈以后一定会跟你说一声"。孩子马上就心领神会地穿衣服了。这个家庭还是尊重孩子的，所以孩子的自我意识比较强，她能认识到自己的问题，也能原谅别人的错误。但还有一些孩子做任何事情都要请教父母。

有一个女孩，她几乎从来不愿意上台演讲。为了让她有更多的展示机会，我告诉她下周来早点，早上她第一个演讲，结果她小声地说："老师，我得问问我妈妈，我有没有时间。"当时的我很吃惊，"你自己有没有时间还不知道吗？你可以早点来也可以晚点来"。那番话让我知道了为什么这个孩子从不敢单独做一些事情。

未来每个人承担的角色是不同的，但还没有一种职业完全是不需要责任感的，这个孩子如果持久找不到自己，未来真让人担忧。小孩子在学校面对一些他们难以认同的现象时，难免会反感，有的孩子选择默默承受不公待遇，有的孩子选择和小伙伴一起发泄，还有些孩子公然跟老师叫板。所有的老师都希望学生尊重自己，但尊重往往也是用实力赢得的。有的父母一听孩子和老师顶嘴了，不分青红皂白，上来就是责骂。其实孩子仅仅是和老师理论，在他们的世界观里非黑即白，自己不认同的就是错的。但并不是所有的老师精神境界都是非常高的，有时候并不是孩子的错，他们只是用自己的方式形成自己的价值观。

有的父母根据自己的经验对孩子做出的选择特别反感，以为孩子会懂自己的良苦用心，可是殊不知在他们自以为是的好言相劝下，孩子的心彻底冷了。虽然表面看来是尊重了他们的意愿，但孩子内心的斗志和激情已经被抹杀了。

长辈的经验对我们的成长的确很重要，比如如何在物质贫乏的年代保持积极向上的理想，如何克服困难去做自己想做的事，甚至如何改变自己的出身，但这些都不该是父辈可以代替我们做决定的筹码。有人说很同情今天的孩子，因为他们没有我们童年时候的那些乐趣，可说不定现在的孩子还想安慰我们呢，我们小时候没有零花钱也没有游戏。既然如此，何不坦然从容地走自己的路呢？

那些有点想法的孩子没有多少是真正听话的，他们在家里有一套生存法则，在社会上又有属于自己的江湖。即使家里人特别想管着自己，他还是努力做个自由的人。有多少被羁绊的灵魂发出过自己的声音？一位朋友曾经说，他身边有位朋友成长之路可谓是充满叛逆：跳级、退学，或者自己决定学什么。但等到他的孩子上学时，他连大学选专业都要管，甚至不让孩子选跟自己一样的专业（这位爸爸是学建筑的，他不希望孩子和他一样辛苦，但这却是孩子最喜欢的），无奈父亲太强势，孩子只好选择了其他专业。

几年过去了，这个孩子还是重新选择了自己喜欢的建筑专业读研究生，只是多花费了几年时间。后来，孩子自己谈了女朋友，爸爸坚决不同意，非要找人介绍，而托人介绍的对象，这个男孩根本不放在心上。到现在他还是单身，他用自己的方式和父亲抗争，听说这位爸爸现在很后悔，跟孩子说你找什么样的女孩我都不反对了。不想让孩子吃苦，结果孩子和自己都吃了更多苦。

今天，我们个人做出的选择也成为考验我们的难题，当我们想要远离家乡闯荡时，想要放弃体制内的工作创业时，想要放弃一段难以维系的婚姻时，长辈们大多对我们晓之以理，动之以情，让我们重新做出他们认为是对的选择。他们是为我们好，不过长辈们做出选择的依据还是过去几十年前的价值观，他们的思想和境界受到了时代的限制，他们对所谓的稳定或者优越的追求对我们来讲未必适合。过去人们的物质生活和精神生活受到一定的限制，今天的我们注定无法简单。时代选择了我们，我们却无法选择时代。

既然孩子有自己的路要走，就别怕孩子犯错，让孩子早点为自己操心，如果父母不想一辈子操心的话。

11. 领袖气质不是张扬

对一个人最大的赞美莫过于评价他是个有气质的人，而如果这份气质连他本人都未察觉到，甚至觉得没什么大不了时，这个人的人格魅力已经形成了。小作家 YL 就是这样一个不折不扣的牛娃。

今年三年级的 YL，是一位萌娃。因为他有着一般人没有的白净皮肤，别人甚至觉得他的皮肤像婴儿一般，这真是很高的赞誉。仅仅凭借这个，他也能够博得常人的喜爱，但呆萌无比的 YL 哪会是这么简单的人物，让我们一起看看在过去的时间里，萌娃 YL 都取得了哪些令人骄傲的成绩，这些成绩很多是令小伙伴们望尘莫及的。

一岁半时，他就展现了惊人的记忆力，只要是妈妈读到的诗，他都能在书上找到准确位置。这时候的他识字能力还没有，但他就是会背，一遍就能记住诗的位置，让家里人很是惊喜。幼儿园的趣事暂且不谈，让我们看看在三年级初识 YL 时的情况吧。有一天下午，来了一个白净的小男孩，眼睛不大但却格外有神。那天是他的第一次试听课，听完他的自我介绍后，我们让他直接进入五年级学生的课堂，加入到即兴演讲中。他相当给力，在演讲《地球》时，思路清晰，见解独到，根本不像一个三年级的孩子，吃惊欣赏之余我们便料想这个孩子肯定超级棒。

接下来的一幕就让我们更加佩服了，YL 妈妈说这个孩子从未参加过奥数培训，但一次偶然的机会参加了全南京奥数考试，一举摘下桂冠，真是了得。此后的 YL 一直在不动声色地用自己的实力证明他的领袖才能。

赏能课堂要求孩子们进行长篇创作，毫无疑问，这对刚刚接触写作的孩子还是有难度的。但 YL 在短短半小时内就告诉老师，他知道写什么了，人生第一部长篇作品《第二空间》从此产生，所有的疑难问题在他那里都能得到最简单的答案。孩子们对他异常喜爱，因为他是那么自然，那么纯真。

小作家课堂立足于长篇创作，但写作仅仅是表达自己内心的工具。为了让更多的孩子体验到写作的乐趣，我们的课程有很多其他训练作辅助：朗诵、演讲、辩论、猜词游戏、科学大考问和竞选演讲等诸如此类能够提升孩子自信的训练。让老师们欣喜的是，萌娃 YL 每一次的发言几乎都可以用"出彩"来形容。事实上，因为 YL 的受欢迎程度不亚于任何一位高年级的小作家，所以大家对他一段时间内相对恒定的写作量也给予了极大理解（要知道，平时衡量一个小作家是否优秀，往往写作量是基础标准）。在 YL 身上，我们也看到了孩子们之间的包容。

最为夸张的一次是，要进行"一站到底"的智力竞答，平时略带高傲的五六年级的同学已经放下自己的"面子"，直接去电梯口"劫人"了。没有为什么，三年级的 YL 在大家心中就是智慧的化身、胜利的化身。他被高年级同学抢来抢去，最终，实际才三年级的 YL 跟一个五年级特别出色的孩子分在两个不同的队伍里，大家才作罢。

提到 YL 这么多的优点，这么多惹人羡慕的地方，大家肯定想问：这个孩子难道就这么完美吗？真的就是如此吸引别人吗？答案是肯定的。在那么幼小的孩子身上，我们感受到如此强大的人格魅力，难道这还不够吗？他足以成为大家的榜样。

有太多的父母为孩子的教育而暗自伤神，有太多的父母为孩子的"不合群"而焦虑。大家都想培养优秀的孩子，但结果却大相径庭。为了探究 YL 的家庭成长环境，我们跟 YL 妈妈进行多次的交流，发现在 YL 变得如此优秀的路上，温润自然的家庭教育给足了他养分。YL 的父母均是高级知识分子，那种谦和真诚无须言语，这是一种自然散发出的气质。

D 今年五年级，他是那样的淡定从容，每次听他说话就觉得他简直是个绅士。跟你一起出门时，他会有意识地走在后面，等别人先出门。最让人感到钦佩的是他身上的那种大气，总有人喜欢问别人借东西，D 每次就是那个不问理由就借给别人的人。这当然没什么，但有一次他在操场上走路时，被操场上飞来的足球一下子打到了，D 的家人并没有找学校或者肇事者理论，而是先看孩子有没有伤到，最后自己带孩子去医院检查。不是所有人都能有这样的胸怀，这个家庭的人都是大度宽容的。

因为他的善良随和，很多人都很欣赏他。他也是最谦虚的小作家，当你夸奖他做得好时，他会淡淡一笑，继续做得更好。为了培养大家良好的群体意识，我们每次下课后都会让孩子们把自己的凳子摆好，但总有那么一两个顽皮的孩子会忘记，这时候 D 会走过去摆好所有的凳子，就是那种不动声色的行动力让我们感受到了一个孩子身上的领袖气质。

往往能让人印象深刻的不是你说了什么，更多的是你做了什么。少说多做，领袖气质就在这一次次无意中凸显出来了。

12. 孩子，你眼中的稀缺是什么

什么是真正的稀缺？放眼整个宇宙，那些扭转乾坤的神早就洞悉了这个秘密。于凡夫俗子的我们而言，早一日察觉到真正的稀缺，便早一日获得真正的快乐，发现快乐本身就是一种智慧。

每个人眼中的稀缺不同，这也是人与人之间差异的主要原因。当面临选择时，一个人的选择就是他眼中的稀缺。在那些智者身上，这些东西才是真正稀缺的：

时间是稀缺的！

时间之所以稀缺，是因为有不少人不珍惜时间，随意挥霍时间。有人乘地铁时因为被人推了一把，便一直站在原地骂人，假如遇到个得理不饶人的对手，那他们一定会争吵到众人觉得累了才停。逞一时的口舌之快，看似让别人知道自己不好欺负，可是时间就这么浪费了，这一天因为争吵也没了好心情。

那些认为时间不值钱的人自己这样做也就算了，可他们觉得别人的时间也不值钱。有一次和朋友们一起去灵谷寺，在寺院旁边有个素食馆，很有情调的地方，来往吃饭的除了旅客还有各国的僧人。中午吃完饭出来时，有两个年轻人坐在门口凳子上嗑瓜子，但瓜子壳就丢在地上，餐馆的阿姨发现后赶来制止，告诉他们这儿不好打扫，可以丢垃圾桶，可是这两人竟然很随意地说等会自己打扫……

有的孩子虽然年龄很小，却极其珍惜时间，说好现在做什么就马上进入状态。有一次，大家集体在十分钟内挑战背诵一首较长的诗，其中有几人开始心猿意马，左顾右盼，而另外几个孩子五分钟就能合书背诵了。越是爱惜时间的人，做事越专注，也就越容易取得进步。而那些漠视时间的人，变得越来越拖拉磨蹭，看到自己做不到了，便用各种理由来搪塞。表面看来，是维护了自己的面子，可时间一久，渐渐就变得不思进取了。

认识到时间是稀缺资源的人，他们总能不断学习，改变自己。有个小男孩在大家分享了《常礼举要》后，感觉自己每次都迟到几分钟很不

静待花开

好意思，终于说服爸妈自己乘地铁来。看似一个小小的改变，为他以后带来的却是无穷的运气。拥有悟性的人总能取得真经。

思想是稀缺的！

最近，央视的一档文博探索节目《国家宝藏》让很多人爱上了探究历史。一件件文物体现的不仅是时间长河的延续，也让今天的我们对古人的智慧有了更多的了解。任何时代都有人在努力生活，其中让我印象最深的是云梦睡虎地秦简。那样一个基层的官员，在两千多年前就感受到了知识的重要性，他用书本武装自己的思想，即使人微言轻又何所惧？他的身边全是他抄写的秦朝法律，这种对文化的敬畏让今天的我们汗颜。

教学过程中，我们也多次带孩子们去南京博物院。一进博物馆，马上就能看出孩子之间思想的差距，有的孩子在外面还打打闹闹，但一进到馆里马上眼睛都亮了起来，他们会问这个是什么年代的，那个是用来做什么的；还有一些对历史感兴趣的孩子直接会说，我知道这个是在哪出土的，和其他文物比有什么区别，这样的孩子每去一次博物馆都会有不同的感受。与此同时，还有一些孩子对历史没有多大感觉，去之前有些孩子说自己去过陕西历史博物馆、上海博物馆、故宫博物院，可让他分享一件印象最深刻的文物却什么也不记得，只记得自己吃了什么好吃的。说实话，挺为这样的孩子感到遗憾的。抱着这种态度，即使环游世界也最多是个邮差而已。

人跟人之间认识的差异其实就是思维方式的差异，对知识的敬畏能改变一个人的思维方式。穷人和富人的差异不光是金钱的差异，更多的是思维方式的差异。

价值是稀缺的！

"高尚是高尚者的墓志铭，卑鄙是卑鄙者的通行证。"成为一个怎样的人，取决于我们的选择，追求崇高便成为崇高的人。选择了离经叛道，难免遭人非议；选择了普普通通过好这一生，便注定失去了一些需要冒险的机会。没有什么对错，只是个人选择不同罢了。

我读完岳南先生的《南渡北归》后，被大师们高尚的追求再次深深感染。傅斯年、胡适之、梅贻琦、陈寅格、王国维等人将毕生精力贡献于学术，他们临终前都没有什么积蓄，但他们才是真正的拥有者。他们开创的学派和对后来学术的导向，让他们的价值得到了最大的彰显，他们就是地地道道的大师。

每个人都是不一样的，追求也是不同的，因此自我价值显得如此珍贵。真正的强者在遇到对手时能很快调整策略，目标随事实改变，有胆有识，这就是"贝叶斯定理"的伟大原则。看到一些新鲜的事物能接受最好，不能接受也不要急着否定它们。有些孩子在自己不擅长的方面总喜欢说"不玩了"，可是那些他觉得有意思的地方，别人的水平也远远超越了他，一遇到瓶颈这些孩子马上又是一句"不玩了"。

看一个孩子是不是具有某种潜能，触碰他的知识边界就知道了，高手只跟高手过招，哪怕是孩子。一个国际象棋六段的孩子几乎不轻易下棋，除非五段或者七段的对手来了。一个有全局观的孩子走到哪都自带气场，举手投足间透着大气自信。但往往有一些孩子，一看到别人那么厉害，都不敢挑战了。稍微谦虚一点的小孩会说："我知道的太少了，玩不下去了。"但还有人会说："不玩了，没意思。"他们很少能接受挑战，一遇到未知或自己不擅长的领域马上就想到逃避。

自我探索的路是孤独的，但更多的时候是充实的。各领域一流的人之所以能站在更高处，更多的时候是因为他们能随时让自己归零。机会或者说运气，总是青睐于那些愿意放下自己的人。

杨利伟在《天地九重》中写道："很多航天员太空飞行后，宗教感会增强，有人开始读哲学，也有人对神学产生兴趣。"航天员在接受任务前，进行了许多挑战身体极限的训练，为此，他们承受了孤独。但只有在他们这个层面的人才知道，与浩瀚的宇宙比起来，人类的孤独不值一提。

别怕这个世界没人懂你。这世上没有人能成就你，除了你自己。终其一生，我们都在寻找自我价值，幸福的人实现了自己的价值。哲学家维特根斯坦临终时说："告诉他们，我过了幸福的一生。"我们一生在做两件事：一是让自己幸福地活着；二是努力让更多人幸福地活着。

早日找到真正的稀缺，便早日洞悉了幸福的秘密。

13. 读书少了会怎样

转眼 2017 年还剩下最后一个月，是时候看看自己过去这一年的阅读情况了。如果少于 30 本，很显然这一年你又错过了提升自己的机会。把不读书和读书的人放在一起做个比较就会发现，那些不读书的人越来越"理直气壮"了，而那些坚持读书的人心态则越来越平和。

读书少了到底会怎样？

上周，在小作家课堂上我们做了一个随机统计，将年阅读量和目前学习状态做了比照，发现它们之间呈正相关：学习成绩越好的人读书量越大！在接受调查的 40 多名中小学生中，平均阅读量在 20～30 本的有 28 人，每年阅读量在 50 本以上的有 10 人，而阅读量超过 100 本的有 3 人（过后统计发现另 2 人也达到 100 本），学习成绩也会影响孩子的精神面貌，几乎没有孩子会拒绝好成绩，而好成绩则眷顾那些真正爱阅读的人。

数据背后的规律格外明显：阅读书目对孩子的价值观进行了分层。一个总是喜欢阅读校园题材、寻宝之类文章的孩子，他更喜欢阅读无须深度思考的文字；而一些在传统课堂上"喂不饱"的孩子，他们总在自己找事物探究。比如有两位六年级的同学已经把初中化学知识了解了一遍，其中一位说，他在阅读过程中，总能发现下次要读的书。每个作家在文章中总会反复提到几本书，那就是他下一步的阅读方向。小小年纪的他们已经找到了属于自己的学习方法。

还有一类孩子，他们喜欢听大人的安排。一般推荐书目他们也阅读了，不过还没有主动去选书的意识，这样的孩子目前学习成绩处于中上游，要再次超越，其实不在于多补课，而是在学习方法上找到突破口。

读书少了会怎样，我的直观感受如下：

（1）不喜欢思考了，也不愿意反思

对孩子来讲，如果掌握的知识是有限的，那他更多的是处于接受知识的状态，不太善于主动发现，当面对问题时，更多是选择回避或者直接说自己"不知道"，如果身边人鼓励他们自己找答案，他们可能会一拖再拖，最后不了了之。而那些爱阅读的孩子却敢于面对问题，他们常常主动发现问题。曾经还是五年级的女孩告诉我，他们学校宣传栏上贴的格言有问题，把"曾子"的话误写成"老子"的话了；一个四年级的男孩在陪妈妈走过水果摊时，看到水果摊上某种水果的名字写错了，认真的他专门回头告诉别人这个字应该怎样写。这样的例子不少。爱阅读的孩子总在思考为什么这样，自己还能做哪些改变，他们常常反思自己的言行。

对成人来讲，读书少了，面对问题时总是跳不出自己的思维方式，看到别人做什么就去效仿。这实际上是剧场效益，不会有实质改善。而那些常常阅读的人善于看到问题背后的本质，能跳出自己的圈子，找到解决问题的最好方法，总在不断反思自己，从自己身上找原因。

（2）开始更计较了，格局也就小了

人生苦难重重（来自《少有人走的路：心智成熟的旅程》，M·斯科特·派克著，于海生译）。但这不代表我们的不幸都是命中注定的，每个人都会遇到问题，但读书多了就会把问题简单化，能及时从复杂的问题里找到思路。把每一段的困难都当作一次成长，因为他们知道在当时看来天大的事经过时间的沉淀后最后只是一件小事而已，根本不会对你产生怎样的影响；读书少的人却容易陷在自己的故事里，觉得自己比别人过得苦，不仅喜欢自怨自艾，也不让身边人安心。他们抱怨外界，不满意孩子，实际上都是自己的无能为力。阅读是通往自我救赎的一条光明之路，如果我们想要改变现状，那就阅读吧。

对孩子来讲，阅读少了就会很在乎别人是不是抢占了自己的机会。在课堂上我让学生写下自己阅读过的书名，会发现这样一个有趣的现象：读书量大的孩子根本不在乎别人是不是写出了和自己一样的书名，如果有，那自己就重新换一本写（要求不能重复），他们态度很平和不会有任何抱怨；但那些阅读量相对少的孩子就不一样了，他们很紧张，怕别人写出了自己读过的书，如果有，马上就会着急，最后希望别人更换。

孩子的焦虑和大人的焦虑是一样的，当自己的某样东西很少时，就很担心别人用自己的东西。如果别人都有了，他马上就会陷入焦虑状态。其实大可不必担心，你在进步别人也在进步，要使自己占据主动局面，那就至少超越平均水平，这样即使你跟高手过招，也不担心别人抢了自己的风头。

（3）以为人人都和自己一样

小作家升级考核时，老师让参加考核的孩子每人说出一本对自己影响最大的书。有个五年级的男孩是这么说的："对我影响最大的一本书是《发现》，没有读这本书前，我以为科学家都是天天在实验室搞研究的，但真正了解科学家的'发现'过程后，就觉得他们身上有一种奉献精神，他们为了探究真理牺牲了很多普通人看来理所应当的东西，他们让我深受感动。"这个孩子的思想已经变得崇高了，这就是阅读带来的改变。

当然，了解孩子的人都知道，在孩子的眼里大人都一样，在大人的眼里孩子也是一样的。父母如果拥有自律主动的孩子，那么他们肯定觉得别人的孩子也是这样的。那些天天为了写个作业闹得鸡犬不宁的父母也觉得别人的孩子跟自己的一样——欠揍。一些父母有多少次在听到别人家的孩子怎样自由支配时间时，流露出了质疑的神情。但我相信这对那些优秀的孩子来讲，那是一种习惯，他们珍惜时间，知道时间是稀缺资源，也知道时间影响收获的果实是否丰硕。

对那些目前还在为完成作业而苦恼的孩子而言，学习是一种巨大的压力，他们害怕思考，害怕和别人不一样。当然，他们的父母也会警告他们：学习成绩不提升，什么书都别看。孩子学习成绩稍微有点被动，父母马上草木皆兵，开始施展一轮又一轮连环计，各种战术都有：不让读历史书，不让看四大名著，不让接触电脑。长此以往，孩子面对自己的未知领域，不是想办法去了解它，而是排斥它，这样孩子已经没有多少好奇心了。他们并不清楚什么是对自己好的东西，只知道自己不那么喜欢学习，当别人谈论那些有意思的历史人物时，他们只能默默走开，最后就更不想知道了。

"如果你手里有一把锤子，你看什么东西都是钉子。"再不阅读，你手里就一直有一把锤子。

还在为没有阅读找借口吗？每个人的时间是一样的，当你自己不想阅读时，没有人能带你进入阅读的世界。这个世界有一条普世规则——门槛越高的东西才越有趣味，何不迈开腿跨进来呢？

第二部分

对家长说的话

每個成人都曾經是孩子，祇是他們忘了。

——《小王子》

感谢上帝，他赋予了每个孩子不同的禀赋，使他们能够成为各个领域的有用之才。而这一点，常常会被父母或家长所忽视，反而成为孩子们不快乐的源头。

——斯宾塞

1. 每个孩子都是父母的软肋

身为父母，不管你在外界拥有多大的成就，是职场中说一不二的老大，抑或和大多数父母一样，在一些平凡的岗位上贡献着自己的力量，但当提到自己的孩子时，很少有人是平静的。父母对孩子那种全心全意的付出，让我们感受到每个孩子都是父母的软肋。

每个家庭、每个家长都在用自己理解的爱的方式爱着孩子，也在用自己理解的成功去定义着优秀，所以我们看到不同家长对孩子的要求是不同的。作为父母，我们了解自己的需求吗？有哪些东西是我们没有却又迫切期待孩子有的，又有哪些是由于我们自己的认识不足，让孩子受到了不公正的待遇？看到诸多父母在养育孩子的路上既辛苦又甜蜜，作为老师，我想跟大家分享以下几点心得：

（1）在孩子教育问题上，投入要量力而行

开学不久，朋友圈里自然少不了父母为孩子选择各种学习兴趣班的信息。一位妈妈列举了一份目前在小学三年级孩子的教育清单，数目不菲，这位妈妈表示很有压力。说实话，看了这份清单，我们真的能理解父母对孩子那种期待又苛责的心情，投入不小，但孩子的成绩好像远远没有达到父母预设的目标。

时时会有不同学校的孩子来试听赏能小作家班课程，在他们有望成为小作家时，部分家长会做一些在我们看来不是很妥当的事情。曾经一个男孩子非常想成为小作家，孩子妈妈知道后，便对孩子说："你报名这个课程后，可要想仔细了，费用不低，一年光花在这个班上的钱就够妈妈买很多其他东西了，你想好了吗？要不咱们别上了，我怕你半途而废。"孩子满脸通红，憋着气说自己想上，但这位妈妈还是继续让孩子"发誓"要好好学。我便对这位妈妈说："您不用非要今天报名，等您方便了下次再来也是一样的。"但她告诉我："不是的，我只是想让孩子懂得珍惜。"在此过程中这个孩子很少敢看着别人讲话，这是不难理解的，因为家庭给他传递的是一种妥协、低头的态度。这个孩子的家庭承担学费是没有问题的，只是孩子报了很多课外培训班，但学习效果都没有达到预期。我们设身处地想想，如果那个老是被要挟的孩子是我们自己，我们能学得轻松吗？我们自己能学好吗？我认为不太可能。

曾经一位高年级同学的家长为了让孩子好好学，付费时坚决不刷卡，一定要交现金，然后让孩子数一遍钱后交到老师手里，说实话，接过这叠钱的时候双方都很尴尬。青春期的孩子最怕自己无能，最怕被人瞧不起，我相信这位家长肯定不是故意为难自己孩子，但这让孩子自尊心很受挫。何时我们才能站在孩子的角度考虑一下，我们的孩子也需要被尊重！

最难忘的要数一位二年级同学了，这位同学每节课都很紧张，起初我们并不知道是什么原因。后来无意中发现，几乎每次下课后，孩子父母都会问一句："今天你得分了吗？老师有没有表扬你？今天你学到了什么？"语气很严肃。结果当这位孩子没有得到分数时，他因为害怕家人的责备，就会沉默或者说谎自己得到了。我不知道该怎样告诉孩子父母，孩子的极度不自信跟他内心深处缺失空间有关，这个孩子从未觉得学习是为自己而学，他也不敢不学，于是看起来很"努力"，每天按时作息、做作业，从来没有时间去思考究竟为什么而学、为谁而学。

每每遇到这样的孩子，我总是对他们说，不管做什么事，一定要自己愿意做，而且你要知道这件事是为自己而做。作为父母，我们为孩子提供的经济条件、成长环境不同，大家不应该为了自己的"面子"而让孩子做那个"懂事"的人，因为这样，他们的负罪感就很强。如果大家能够从自身家庭客观条件出发，选择真正适合自己的，那每个孩子接触到他们喜欢的东西时才能真正无压力，才能发自内心地喜欢。

一个贵族需要三代来培养。别人拥有的东西不是偶然得来的，别人付出的努力我们也是无法想象的。人与人之间无须比较，可以向我们欣赏的人学习，但心态一定要平和。

（2）培养孩子的利他情怀

赏能小作家中有几位深受大家喜爱。有一天，活泼可爱的宋天杰一来到教室，就问我们："老师，张茂恒呢？我就喜欢张茂恒，我就想跟他在一起。"边说边不时瞅瞅门口张茂恒来了没。吴健邦很喜欢初二的王照栋，孩子们特别看重自己的赏能积分卡，但吴健邦总是想偷偷地把自己的分数送给王照栋几分，两人有时为了几分你追我赶。杜泊霖非常欣赏邓霁轩，因为他们现在不在一个时段上课，每次上课杜泊霖就追问邓霁轩的情况，还问邓同学有没有问他。还有单浩淼和蔡谨，两个大男孩因为都长得比较有肉感，大家取名熊大和熊二，他们关系可好了。每次课堂上需要谦让时，你总能看到这些孩子把荣誉和奖励让给别人。正是这些孩子的谦让大方让我们感受到了赏能小作家群体的热情向上，他们身上洋溢的是满满的爱，这样的孩子没有人不喜欢。

我们观察这些孩子的父母，他们的精神状态很好，谦虚低调，每次都用温暖的笑脸迎接大家，除了给自己孩子做特别好的表率外，也深深地影响着身边人。

还有一些孩子的言行让老师自叹不如：中秋节后上课的第一天，大行宫校区的招博航一定要把从老家广东带来的月饼带到赏能，跟他的小伙伴一起分享；还有一次，上课时间到了，我看到有个男孩跑出教室去了，我想等会儿他进来一定要告知他要有时间意识，不能影响别人。结果，他进来时手中拿着块抹布，告诉我说，刚看到对面有同学水杯倒了，桌子上都是水，他要帮忙擦一擦。这个孩子眼里有别人，还那么心细；还有一位小作家叫熊睿，不论何时，只要他来到课堂，第一件事就是整理书柜，坚持已经成为他的一种习惯。这样的孩子是我们所有人的老师！

我相信很多父母是非常善良的，尤其在自己孩子面前。如果我们能够在日常生活中引导孩子去帮助、鼓励别人，那么我们孩子的精神状态会更积极向上。当一个孩子的眼神失去光彩，口头语开始变为"无所谓""没意思"时，父母就要谨慎了，这个孩子已经失去了自信，甚至会时时感到自卑，这种感觉太不好了。如果各位父母曾经体会过这种感受，我们不要把它延续给我们的孩子。如果你不知道怎么做，那就鼓励孩子去帮助别人，鼓励孩子去追求自己喜欢的。赏能教育的最大魅力就在于我们坚定地认为每个孩子都想要变得更好，没有人喜欢不被认可！有些品质只能父母给孩子，其他人给不了，而如果父母忽略了，可能会影响孩子一生。

当你能够看到别人的价值时，你的价值就会突显。教孩子学会感恩、敬畏、遵守契约、有强烈的利他意识，这样的孩子走到哪里都是人才，他的人生会更加丰富。

（3）信任孩子需要你足够自信

越信任孩子，教学效果越明显；越启发他们的思维，孩子的知识结构越完善。如果大家有时间，可以看看一部纪录片《大师2014》，这里有

"教授的教授"陈寅恪，有"中国考古第一人"李济，有清华永远的校长梅贻琦，当然还有我们崇尚的各个领域的大师……这些大师用他们高尚的道德情操培养了一批批优秀的青年，他们允许学生犯错，给学生思考的空间，最大程度地信任学生。因为他们对自己的人品和学识足够自信，于是他们的学生也成长为一代大师。

教育的基石是信任。如果您不够信任孩子，那付出再多的爱，孩子也感受不到，因为他从父母这里感受不到尊重。同样，一个不信任孩子的家庭，父母双方在很大程度上对自己也是很不自信的，甚至夫妻双方也是不信任的，这实际上是原生家庭的承袭。想想我们的父母给了我们多少信任？

说到这，一些家长也许会问："老师，我很相信自己的孩子，他要什么我都不问他理由。我给儿子买了很多玩具，还有他要看的各种系列套书，为什么他从来没有任何感恩之心，甚至还要求继续买？"答案就在这里，你给孩子的爱（你把给孩子想要的物质当作爱）是有条件的！你可以问问自己，给他买玩具前，你曾经承诺，只要考试成绩好，要什么都可以。这样，小孩心里的定义是：我只需要考试成绩好就能得到自己想要的了（他并不知道自己的家庭是否存在购买压力），你给孩子所有东西前都有一个条件，这个条件是物质的，所以孩子也是物质的。现在的孩子处在物质生活极其充裕的时代，如果给孩子一种东西时建立一种精神关联，比如赋予某项东西特殊意义，让孩子感受到这份礼物花费了父母的时间与精力，里面包含了父母对自己的关爱，那孩子也会更加珍惜礼物。

我很少见有孩子通过努力做家务活或帮助别人而得到自己想要的东西的。事实上，当他为得到某件东西而付出艰辛的劳动时，他才会珍惜这份礼物。苏霍姆林斯基在《给教师的建议》中就明确提出，他的教育理想是：让孩子去观察、思考和推论，体验劳动的欢乐，为自己创造的东西而感到自豪，为别人创造美和欢乐，并在此中找到自己的幸福。要学会欣赏自然界、音乐和艺术的美，以这种美来丰富自己的精神世界。关心别人的痛苦和欢乐，像关心自己的事情一样关心别人的命运。每每读到这段话时，我都深有感触：伟大的人都有高尚的利他情怀！如果能做到这些，我相信每个孩子都能意识到自身存在的价值。

作为成年人，我们要摆正自己的心态，不要以为你的生活阅历丰富

静待花开

你就能了解每个孩子的内心，你不是孩子，你也不应该去设计孩子。最伟大的教育应该是引导孩子成为他们自己，我们要知道我们仅仅是孩子来到这个世界的枢纽，而不是孩子命运的裁判者，把信任还给孩子。父母都怕孩子吃苦、受挫，所以他们喜欢把孩子保护起来，以至于孩子长大后才发现自己在很多方面的能力欠缺。我们也不难发现，即使是成人，也很难避免精神世界的贫瘠。成长的路上没有捷径可言。我们不要做在爱孩子的路上迷失了自我的父母，孩子需要空间，父母也需要空间。

孩子是所有父母的软肋，愿我们都是彼此最信任的人！

2. 让孩子幸福的秘密

法国哲学家尚福尔说："幸福不是一件容易的事，既不能自发产生，也很难在别人那里获得。"不过我认为幸福也是一件容易的事，只要你拥有慧根。

总有一些人好像得到命运格外垂青，他们心想事成，不管做什么事都能悟到"道"，也更容易获得幸福和内心的宁静。我想这样的人就是拥有慧根的人。没错，他们就是我们身边那些非常有魅力的人：总是能够体察别人的需求。跟这样的人在一起说几句话就感到神清气爽，感觉自己也能长进不少。

究竟怎样的人才能具有慧根？

（1）慧根首先来自于你的善良

《因果的真相》里有这样一个故事：佛在给他的信徒讲故事的时候，说有善根的人即使老虎在他的跟前也不会去咬他。他的一个信徒马上说："我是一个善人，我要去看看当我站在老虎面前时，老虎会不会扑过来咬我。"结果佛说："只要你有这种念想，你就不是一个善良的人。"

佛度有缘人。人跟人之间是有差别的，而这个差别主要体现在意识层面。有些人一辈子活出了别人几辈子的精彩，也有人一辈子活不出一种颜色，他们害怕改变，害怕用不同的方式行事，他们看见的只是自己想看到和能看到的。慧根从哪里来？它首先来自于你的善良。同样的事情，善良的人总能看到美好的一面。有一次课堂上进行即兴演讲，一个五年级的男孩抽到的题目是——我脸红了。当时这个孩子看了题目后就跟大家分享了这样一个故事：一天上完课他很累，等到要乘地铁的时候，发现自己没带月票，看到前面有人挤进去了，他想反正自己也是个小孩，于是也没有买票就挤进去了。可是，在出站口他看到了一个比他更小的孩子在等待刷卡，而关键是这个孩子的父母也不愿意孩子不刷卡就出来。他说那一刻自己脸红了，于是主动跑到售票口补票。他那天说的话特别让人感动：别人能做到的我们应该也能做到，做任何事情都不要给自己找理由，这样我们才能有真正的进步。听了这个孩子的演讲，我内心真为他感到高兴。善良正直对一个孩子来讲是多么重要，善良能让他看到生活中更多美的东西。

当好的品质成为一种习惯时，孩子的格局慢慢便形成了。如果想要孩子未来更有担当，那就应该从小树立其自立自强的意识；想要孩子未来更幸福，那就应该关注他们的精神状态是否阳光健康。从根本上来讲，孩子想要什么，能拥有什么品质，他的家庭里就要有人先具备，不然这种品质是不可能传递给孩子的。

（2）不流于形式的用心做事

没有人能够拒绝认真。认真起来的人最美！一年一度的教学汇报演出只要两个才艺节目，尽管如此，依然没有浇灭孩子们的认真劲头，有个孩子的认真态度至今令人难忘。正读四年级的李雨芯先报了一样乐器，我们觉得她弹得不够熟练就决定暂时不用，结果这孩子马上换了另一种乐器。当另种乐器也被我们否定时，我想一般的孩子也就放弃了，但她没有，最后她又换上了自己正在学的长笛，整个过程让我们看到了这个孩子对机会的珍惜。结果如何，我们不去提前设定，但自己要全力以赴，没有人会拒绝一个用心做事、认真到底的人。

还有一个三年级的男孩小仲，由于他出色的即兴发挥能力，去年就成功通过竞选成为教学汇报演出的主持人。今年他也想继续担任，但由于竞争对手居多，这可爱的孩子竟然做了几手准备。他跟老师说："如果我成功竞选了主持人，那最好不过了；但如果不能担任主持人，我还有即兴演讲呢；如果这些都没有，那我还可以做志愿者呢，帮助老师给主持人提更多建议。"当他这样说的时候，我很欣赏他，这就是孩子的慧根。他的心态多好啊，不强求不刻意，努力做自己，同时又能坦然接受各种结果。这种思维方式会引导这个孩子走得更远。那些一流的决策者，他们的处世态度常常是：做最坏打算的同时又能接受最好的结果。阳光乐观的心态让他们真正做到了处变不惊。

做事认真好像是这些有慧根的孩子的共同特点，他们把身边的每件事都做到尽善尽美。每学期一次的情商训练课（即小作家们出售自己的长篇作品集），在这个过程中，我们能看到不同孩子面对困难和挑战困难的不同态度：有的孩子畏难情绪强，一旦遇到一些挑战就很快会选择放弃或者逃避，他们不愿意让别人觉得自己不行，所以找各种借口来搪塞；有的孩子由于担心结果，身体会本能地产生抵触情绪甚至生病。当然，

一、两次售书不能说明什么，但如果面对自己觉得有挑战的事情一直是这种态度，很有可能会影响以后处事的思维方式。毕竟没有一件事是轻而易举就能做成的。没有渴望的眼神和真诚的询问，别人怎能信任我们？令人欣慰的是，大多数孩子还是极其愿意突破自我的，他们愿意努力去达到一个理想的目标。不管被人拒绝还是接受，他们都会报以感谢。一些情商极高的孩子还会提前准备感谢便签或者小礼物，最后他们也一定能完成售书目标。当然，这些孩子极愿意主动寻求帮助、与他人组合搭档，这样的孩子保持了儿童最真的性情，撒娇卖萌各种小手段都是信手拈来。

（3）教会孩子感恩并拥有平常心

你会每天对自己的父母说感谢吗？你会发自内心对那些帮助过我们的人说感谢吗？你会对我们日渐完善的社会制度和社会福利说感谢吗？当我们能怀着敬畏的心去感谢身边的一切时，慧根早已种在了我们心里。不是每个人都有义务对任何人好，当我们对自己拥有的一切习以为常时，甚至还在觊觎那些没有得到的东西时，我们离"悟"只会更远。慧根就是能时时拥有一颗感恩的心，并愿意将爱传递下去。

反观一些孩子，他们总是那么善于接受别人的意见。小作家邓霁轩在参加了情商训练课后，学会了如何获得别人的帮助。一天他回家时发现没有带钱买车票，便自己找路人帮助，最终成功向陌生人借钱回家了。后来孩子妈妈说其实他完全可以打电话来让她接的，但是他却选择自己解决问题。很多时候，孩子能做到的比我们想象的还要多。

往往一件最平常的小事，更能体现细节。这个家庭有乐于助人的家风，所以孩子敢于向陌生人开口；有自立自强的传统，所以这个孩子选择自己的事情自己解决；有表达感恩的真情，所以妈妈主动告诉了老师孩子借钱回家的事情。也许很多孩子都有过这样的举动，但是并不是每一位家长都愿意直接表达自己的感动。久而久之，当孩子迈出更大的步子时，大人已经习以为常，甚至觉得孩子长大了，这是理所当然的。可是我相信，将感激或者感悟对孩子表达出来能更好地激励其认识自我，勇气其实就是这样被赋予的。作为孩子，如果能感受到自己的进步需要别人帮助，他们就会想去帮助更多的人，成全自己的同时也成全了别人。我们的身边从来都不缺乏打击我们积极性的人，如果有人做了让你感动的事情，请主动并及时表达出来。

静待花开

当你能从成全别人和成全自己中找到平衡时，生活一定是充满了感动和幸福的。叔本华说："无聊成了口头禅，是因为无知。"有的孩子小小年纪却把"无聊"当口头语，听到这种话时，作为家长和老师要及时反思自己，是不是我们常常表现出了生无可恋的状态。当你心里把一切看作是必然甚至是理所当然时，一旦遭人拒绝，便开始抱怨。有慧根的人，更多的是从自己身上找原因，时时和自己的内心交流。

慧根终归是少数人才能拥有的东西，但只要我们愿意改变自己，突破自身的局限，发自内心地帮助他人，渐渐地，我们也能拥有一颗平和的心。能做到放下时，幸福离你我就不远了。

叔本华提到，想要幸福，我们必须知道三个终极真相：

第一，人是什么，即个性；第二，人有什么，即外在财产和一切占有物；第三，人在他人的眼中是怎样的，即你向外界呈现出的样子。当你静下心来，常常思考这三个问题时，慧根便能靠近幸运的你！

最后你会发现真正的美好往往是自己内心的美好，当你能够欣赏更多的美、成全更多的美时，便已经拥有了慧根。

3. 是孩子把我们变成了更好的人

　　教育孩子的过程，其实就是改造自己的过程。

　　作为老师，我深有体会。他们的一颦一笑是那样简单直接，发自内心，你很难不被感染；而作为父母的诸位，肯定感触更深。因为孩子，我们改变了许多，是孩子把我们变成了更好的人。

　　一方面，孩子是上天赐予我们最美妙的礼物。很多人一提到孩子就会变得异常温情，大概是孩子总能触动我们内心深处最柔软的东西吧。2016年"感动中国十大人物"之一的支月英老师36年扎根农村教育的事迹让人动容，她的女儿对她说，"你是一位好老师，但不是一位好妈妈"。她有好几次机会可以调离艰苦的工作环境，但因为想到自己是山里孩子的精神依靠，便心甘情愿地留了下来。她问学生最幸福的事是什么，学生的回答里有一句：老师的爱！就是这简单的四个字让她们之间彼此幸福着、温暖着。为了给学生更好的教学条件，她自费购买教具。她让很多留守儿童感受到了像母亲一样的爱。我相信支月英老师的内心很富足，她的孩子其实也在为她骄傲，她从妈妈身上看到了坚持和善良。这一份爱、一份责任和无私的奉献，一定会滋养她们未来的日子。

　　另一方面，孩子又是我们人生的动力，鞭策我们成为更好的人。"幼儿习性、童蒙养正、少年立志，成年立德"是对人生四个阶段教育所需的总结，如果父母和老师能够一直按照这个规律去培养孩子，孩子肯定不会差。

　　为了让赏能小作家们意识到良好的学习习惯和优良品德对人一生成长的重要性，新年伊始，我们给每人赠送了一本《常礼举要》，书中李炳南居士从衣食住行、日常交际、礼貌用语等方面对古人良好的礼仪做了汇编梳理，非常值得今天的我们品读自察。在课堂上，老师让孩子们结合这本书的内容，分享一下身边人有哪些做得好和做得不好的事，没有内容限制，让他们结合自己最有感触的来分享，结果孩子们的分享让人惊喜：初一的姜珩好长得帅气阳光，落落大方是他给人的第一印象。他说自己的妈妈很大气，每次出门旅行总不忘给亲朋好友带一堆东西。有时候在国外旅行，虽然机场打包很麻烦，但妈妈依然坚持带礼物，等回到家时这些礼物只有很少一部分是留给自己的，其他的都送给朋友们。所以这个孩子的一言一行都透着大气和洒脱，说话声音洪亮而有磁性，人人见了都会喜欢上他。他的好朋友说他还是一位超级学霸，学习成绩名列前茅。一个个孩子走上台，分享着自己家人的最好品质。很多孩子分享了妈妈把好吃的让给自己吃；分享自己生病时父母悉心地陪伴照料，这让他们很感动。我相信只要是能够被父母的爱打动的孩子，今后都会以同样的方式回馈父母。课堂上时时有小伙伴带着美食来分享，我清晰地记得王逸诚把自己的一份留给爸爸，哪怕只是一颗糖，父子情深由此可见；还有我们越发绅士谦和的胡峻宁，哪怕是一小块蛋糕他都想留给妈妈吃，那种牵挂连我们也很羡慕。

当然，一些孩子分享自己改变家庭的事例更让人心生佩服。一位二年级的男孩说老爸爱抽烟，有时还随地吐痰，回家一定要让他改掉；还有个孩子在看了老师推荐的《超时空接触》后，说自己的爸爸观念保守，对他喜欢的科幻片总是嗤之以鼻，他要让自己的爸爸看看。这个孩子后来对科幻很感兴趣，每周上课都会跟大家分享自己掌握的科学知识，什么暗物质、量子纠缠、黑洞等，这让他收获了不少粉丝。后来遇到这些孩子的家长跟他们交流时，一些爸爸乐呵呵地说，在某些方面他们还真要向孩子学习；一些妈妈也说女儿已经成了她的服装搭配师了。孩子给很多家庭注入了新鲜血液，让父母生活得更踏实。

在教育孩子的过程中，父母是绝对不能缺席的。表面看来是孩子的成长需要我们，但实际上是我们的性情、品德需要孩子去磨炼。有一则关于教育的寓言故事能很好地说明问题：有三对新婚夫妇在同一天向上帝祈祷，希望自己能拥有一个可爱的孩子，并希望这个孩子能拥有健康、聪明、勇敢和爱心。第二年他们如愿以偿，每个家庭都拥有了一个可爱的宝宝。

二十年后，三对夫妇回到了他们曾经许愿的教堂，向上帝祈祷。一对父母责怪自己的孩子粗暴无礼，另一对父母更是哭着说，他们的孩子自私又贪婪，还没有一技之长。只有第三对父母说，感谢上帝赐给他们快乐的源泉，他们的孩子比他们期待的还要优秀。很少开口的上帝听到这再也忍不住了，便说："起初，我送给你们的三个孩子一样聪明，只是赋予了他们不同的特点和潜质，而这些与众不同的特点足以让他们成为社会的骄傲，之所以会有不同的结果，只因你们使用了不同的教育方法啊！"

悉心照料孩子的人，他们不管在何种境遇都能耐心地引导孩子。而简单粗暴不理解孩子的人，常常用暴力和专制来控制孩子，所以孩子的未来完全不同。在课堂上，我们能时时感受到来自不同家庭的教育方式，没有孰优孰劣，只有更适合孩子成长的环境而已。那些更关注孩子品德性情的家庭，他们的父母在人际交往中大多处于主动地位，生活中给人容易相处的感觉，他们的孩子对其他孩子都很宽容，乐于帮助别人，在学习上也很有主动性；一些家庭比较在意孩子的成绩分数，且时时会根据孩子每次的分数进行不一样的奖惩，这些孩子在生活中难免爱计较，做事前甚至会问有无奖励，他们团队意识较弱，也不太主动帮助他人，学习成绩总是波动；一些家庭则更简单些，他们对孩子实行控制法，他们的口头禅是：孩子只是个孩子，没有什么判断能力，我得看着他。大到孩子学什么、交往什么朋友，小到整理卧室，收拾书本都是父母的事。孩子的生活自理能力弱、依赖性强，课堂上只要是自己不擅长的就选择躲到后面……

赏能有一句话说得非常好，一切结果都是有其原因的，种什么因得什么果，你看到的都是你想看到的。每对父母只是根据自己过去受教育的环境去理解教育，只有极少数主动学习的父母能突破自己成长环境的局限，摒弃对成长不利的因素，为孩子营造一个更好的成长环境。大多数的父母只是在不断重复罢了。最终结果是每个孩子之间差距较大，孩子的心智和身体成长没有同步进行。

斯宾塞在描述父母这个职业时，曾做了这样一个比喻：如果父母从来就没有受过关于如何养育孩子的教育，却直接承担了教养儿童这个艰巨任务，就好像一个做生意的人不会算账，一个没有学过解剖学的人给人做外科手术一样。很多时候不是我们的孩子不够好，只是我们自己不具备足够的智慧去引导他们。斯宾塞把小斯宾塞培养成了全才，在 14 岁就被剑桥大学录取了。而他自己不仅是英国杰出的教育家，还是哲学家、社会学家和科学家，拥有多个博士学位。读他的书时，我们很难不被他的才华和对孩子深沉的爱打动，为了教育小斯宾塞，他时时自创游戏、自制书本，而能做到这些就是因为他真正懂得孩子各个阶段需要什么。斯宾塞生活的小镇上流传这样一句话：别人家养育孩子都是烦闷不堪的，只有斯宾塞家族是快乐享受的!

越是嫌弃孩子，就证明我们自己欠缺的越多，而承认自己的不足，需要我们拥有慧根。当我们自己具备丰富的知识和开阔的眼界时，才能变得更包容、更客观，去主动改变自己，但大多数人做不到，所以，大人对孩子的暴力行为不绝于耳。我们生怕自己的孩子不够聪明，别人选择什么，自己也跟着做同样的选择。作为父母，不要否定每种潜能的价值。几年来我们遇见了各种各样的孩子，可以肯定的是，每个孩子都或多或少拥有自己的潜能，任何一项潜能都没有的孩子几乎没有。关键在于，我们用什么样的方法激发他们实现自身的价值。

试着做一个快乐的人，一个乐意分享的人。一个快乐的人面对孩子时，看到更多的是孩子的优点。那些真正聪慧的父母总能从孩子身上不断学习，然后改变自己。当孩子情绪不稳定时，他们首先想到的是自己最近可能经常对孩子发脾气，会跟孩子道歉，及时调整自己的情绪；当孩子取得一点一滴的进步时，能发自内心地肯定孩子，而不是简单地敷衍，对他们提更高的要求；在孩子成长的每一阶段，父母扮演的角色是不同的。有挺身而出、有回避、有时进时退、有陪伴、有细心聆听，无论哪个时段，我们内心深处都要明白，教育孩子是一生的事情，孩子的成长和大自然中的动植物一样遵循着大自然的规律，种子总是在夜晚发芽，当你给了它足够的养分后，静待花开就是最好的选择。

每个孩子都是带着希望来到我们身边的，如果他们没有教会我们放下、没有让我们变得更宽容，那说明我们已经狭隘许久了。是时候感谢一下我们的孩子了，他们让我们工作得更有动力，生活得更有乐趣。最重要的是，在孩子那里我们是独一无二的，是无可替代的，我们是他们的力量源泉，同样他们也是我们幸福的意义所在。正如斯宾塞所说，终其一生，我们也许都不会积累太多财产，也可能一辈子默默无闻，但是如果每一位父母把积极的生活态度、丰富的人生经验和美好的品质积累下来留给孩子，那么孩子会用新的生命去放大，发出新的光芒。

如果人一直用同样的方式思考，就没有办法思考更多的事情。放下偏见和不善，我们都能遇见最好的孩子。孩子让我们变得更强大，也让我们变成了更好的人!

4. 原生家庭如何影响我们一生

你对当前的生活满意吗？几乎每个人的成长都能在原生家庭里找到影子，原生家庭对你的影响有多大，看看你的生活就一目了然了。

有项心理测验叫人生五样。受测者在完全放松的状态下写出潜意识里最重要的五样东西，每个人会可以根据自己的第一反应写出自己最关注的东西。其中，亲情、健康、财富、爱情、理想、知识、智慧和事业等是很多人提到的。但当受测者根据要求一一舍弃人生五样中的每一样，直至留下他们认为最重要的一样时，他们心中难以割舍的爱情、事业、健康几乎都为"亲情"让步了。不管我们成长到什么年纪，不管这个家对我们带来的是爱还是伤害，家都是大家最难割舍的。是什么使我们对亲情难以割舍，我想是因为我们每个人潜意识中的"家"，即原生家庭对每个人都具有非凡意义。

什么是原生家庭？原生家庭是指父母的家庭，也就指自己出生和成长的家庭。每个人都有属于自己独一无二的原生家庭，所以才有了不同个性、不同性情的我们。基于此，我们先来谈谈原生家庭是如何影响我们一生的。我总结为这两大特性：第一，原生家庭的价值观和爱的方式具有延续性；第二，原生家庭的影响具有隐蔽性。

先来谈第一特性：原生家庭的价值观和爱的方式具有延续性。这个延续性主要体现在两个方面：健康向上的价值观和有利于成长的爱的方式，与之对应的则是对我们成长不利的价值观和爱的方式。

首先谈谈健康向上的价值观和对孩子成长有益的爱的方式在家庭中体现出的延续性。用一句话概括：一个孩子的精神面貌就是整个家庭精神面貌的写真。

赏能小作家队伍中有几位深受大家喜爱的孩子，他们的父母偶尔不能来接时，家里的老人会来接孩子。第一次见面时，我们就能判断出这是谁的爷爷奶奶，因为家庭精神气质是一脉相承的！如张仙艺的爷爷、徐昀致的爷爷、全威的爷爷、刘昱岑的奶奶（在昱岑生日时，她为上课的孩子们准备了一个大蛋糕）。这些老人带着平和、慈爱的表情。这样的老人还有很多，而他们的孙子孙女都是那么热情，充满活力，这就是家族一脉相承的精神气质。

可以想象的到，正是因为整个家庭都是和善团结的，老人豁达明事理，孩子的父母相亲相爱，家里的孩子自然无忧无虑，他们天性得到了最大保护。在这样的家庭中成长起来的孩子性情普遍比较温和，天性单纯善良，而这样的孩子往往能走得更远。

反之，让我们来看看对成长不利的价值观和爱的方式体现出的延续性：

只要有孩子的地方，就能听到父母批评孩子的声音。甚至很多看起来温文尔雅的父母在责备起孩子来也会像变了一个人。曾经有位妈妈和我交流过打孩子之后的心情：懊恼、无奈！其实对待孩子犯错的处理方式有很多，但这位妈妈首先想到的是打孩子，这就是她潜意识里的第一选择。事后她认为自己也可以不打孩子，但那一刻情绪失控，完全由不得自己。不管我们是否承认，批评或者打骂都是我们父母曾经对待我们的方式。我相信这位妈妈说的是真的，因为这种方法就是他的父母传递给她的，且多年后当自己成为父母后，我们还感觉这种做法没什么不妥，所以会理直气壮地延续到孩子身上。很多家庭不是没有爱，而是这种爱的方式让孩子感到不适。

打孩子对不对，我们暂不做讨论。这里我想分享的是，也许我们从原生家庭里延续过来了专横、懦弱、恃强凌弱，这就是最大的不幸了。因为这种习惯一旦养成，当事人根本意识不到自己存在问题，或者他并不认为这些就是问题。而我们的孩子一旦承袭了这种习惯，那对他将来的生活环境、对他周边的人都将是一大考验。

古语说"相由心生"，我们接触每个人时，往往会去观察对方的脸，当我们看到一个孩子脸上时时洋溢着幸福的表情时，基本能断定这个孩子生活在一个和谐的家庭；当我们看到一个孩子满脸愁容、甚至有些闷闷不乐时，基本上就能判断出孩子生活在一个怎样的家庭；如果家庭看重孩子品行的培养，那么这个家庭的孩子就会是善良谦和的人；如果家庭看重得失，容不得孩子犯错，那么孩子长大后自然会得失心很重；如果家庭恃强凌弱，对弱者缺乏同情心，那么孩子很难拥有敬畏心，更不会对他人有感恩的意识。所以，孩子价值观是由家庭核心人物的价值观决定的。

其次我们谈谈第二特性：原生家庭的影响具有隐蔽性。

如何理解隐蔽性，我们仔细思考自己的成长过程。大多数人遇到伤心和不快乐的事情时，基于心理修复和防御机制都会不自觉地在语言和记忆中尽力淡化它们，以便让自己看起来幸福。而事实上，这些不快乐在我们遭遇挫折的时候又会不自觉地显现出来。比如前文打孩子的妈妈，在年少时肯定不喜欢被打，现在也知道不该打孩子，但还是会不自觉地表现出来，甚至会反思自己什么时候已经成为自己也讨厌的模样。因此，如何削弱原生家庭对孩子成长的不利影响，这是我们要深入思考的。

我认为原生家庭的影响的隐蔽性主要体现在两个方面：一是婚姻观；二是择偶观。

很多孩子在父母的"掩护"下生活，不一致的婚姻观，使得夫妻双方在婚姻生活中处于不平等的地位。而为了保护孩子，大多数父母会选择继续生活在一起，这时如果夫妻双方善于管理情绪，那对孩子而言是比较幸运的；如果有一方脾气较为火爆，会使孩子和整个家庭的生活都极其辛苦。如果我们的父母在婚姻关系里比较累，那我们自己就会想当然地认为生活就是辛苦的，这在潜意识中影响了我们自己对婚姻的看法。

你选择另一半的标准就是原生家庭给你的评判标准。如果孩子能够拥有一位心胸宽阔、有远见的父亲，那这个孩子将来的高度就会不一般；同样，一个家庭能否幸福，家庭氛围很重要，而这很大程度上取决于女主人。所以今天我们提到原生家庭这个词时，最大的目的就是希望大家能够审视我们目前拥有的生活。回到了前面的问题——你对当前生活满意吗？你所看到的都只是你想看到的，你以为别人和你一样对待孩子，你以为别人和你一样做人处事，但事实上每个人都在按照原生家庭对自己的影响来处事。

这种隐蔽性让我们有时忽略了自己的感受，甚至一味认为是自己出了问题，我们很难发现是过去的家庭环境导致的。试着了解原生家庭的影响，有助于我们更好地了解自己，获得幸福感。

5. 创建让孩子健康成长的原生家庭

存在决定意识，这一意识主要是原生家庭的影响；反过来意识影响存在。为削弱原生家庭对孩子成长的不利因素，我们需要做点什么。

究竟哪些是对我们成长不利的因素，我想让大家来思考。从小到大，我们最想得到而至今没有得到的是什么？日常处事中，你是否有这样的感受，越怕做什么好像那件事情就越难做，但我们却会要求孩子去做一些我们自己都可能做不到的事情，这种思想意识就是原生家庭带给我们的。如何使孩子拥有健康向上的原生家庭，我想结合赏能教育法提出以下三个建议：

（1）悦纳自己

不管你是男性还是女性，要记住一个不会爱自己的人，肯定不会爱别人；一个难以悦纳自己的人，也很难悦纳别人。

心理学上有个拍卖游戏，规则如下：每人只有100元，我们可以竞买的东西是"数量"唯一的健康、房子、爱情、财富、权力、友情、亲情等，每个人可以去竞拍，但是你只有100元，受测时不会告诉你什么时候结束拍卖。

最后会发现有的人什么都没有拍到，徒留下100元，而有的人甚至能用100元拍卖到两件以上东西。这个心理游戏看似简单，但它反映出每个人的关注点都是不同的：有人特别在意爱情，愿为此付出所有；有人希望得到财富；有人希望得到友情，甚至愿意为此付出全部。哪一种选择都是合理的，因为你只是根据你的需要，你潜意识中对这些东西的关注程度让你做出了选择。每个人都是不一样的，没必要一定要和别人一样，所以，先去悦纳自己。

放松的氛围让我们很好地看待自己，也能让我们看到别人的优秀。大多数父母的焦虑往往是自己造成的，他们生怕自己的孩子在一个群体中表现得不优秀。有些父母甚至要把孩子护送到教室里，在老师的提醒下才不放心地离去。实际上，这种对孩子的超级依赖反应出家长对自己的不自信，总觉得孩子离开自己就会发生什么；而往往我们看到一些优秀父母，他们淡定从容，给孩子足够空间，孩子的事情让他们自己处理。

一个孩子的可爱往往就体现在他展现出的不同性情。有的孩子天性淳朴善良，对别人宽容大度，整天乐呵呵的，这样的孩子让人一见面就觉得非常舒服；而有的孩子古怪精灵，他们鬼点子很多，风趣幽默又充满活力；还有的孩子呆萌可爱，一个眼神都能萌化你的内心。他们的写作也许并不优秀，但作为老师，你忍不住喜欢这样的孩子，难道不就是因为他们的真性情吗？

当你能够悦纳自己时，你会悦纳当前的生活。对身边的一切充满感恩，你才能做到下面一点，成为一个善良的人。

（2）做一个善良的人

我们对应聘赏能的老师有两个要求：首先，你得是个善良的人，能够对别人宽容并接受别人的建议；其次，你要能关注到细节，还要有全局观。那如何让别人感受到来自你的善意呢？

a. 敬畏各个层面的人

孟子讲，"人性本善"。我们相信每个人在刚来到这个世上的时候都是善良的，但后天的教化、环境会使人发生改变。只要我们生活在这个世上，我们就需要和别人交流。而我们也不难发现，总有少数人有时候会给别人一种"故意来找茬"的感觉。成熟的人往往能对他人的工作心存感恩并怀有敬畏之情，但有些人，总觉得自己有至高无上的优越感，对别人苛刻，好像他处于主导地位，实际上他失去的远比他得到的多。提到这里，我想起了电视剧《雍正王朝》里的一个小细节：一天，雍正生病了，两个儿子弘历和弘时分别去给皇上请安，先到的是弘时，太监让他跪等在门外，这位皇子毫不客气地说："你们这些狗奴才，我还不知道你们的小把戏，给你们银子的你们就让他跪在空心砖块上，不给你们好处的你们就把他们领到实心砖上，就是头磕破了，皇上也听不见。"太监总管赶紧道歉；很快另一位皇子弘历来了，太监说了同样的话，弘历道谢并给太监一些银两让买酒喝。最后的结果是皇上醒来后，太监说了一句话，"皇上，弘历来给您请安了"。根本没提到弘时，可怜这位皇子跪了许久时辰还不被皇上知道。这些看似都是细节，但实际上人品起了决定作用，处在任何位置都能敬畏各种层面的人，这才是教养，才是真正的善良。我们在生活中能看到很多人在选择性地对待别人。

炎炎夏日，环卫工人辛勤挥洒汗水，一位妈妈告诉二年级的孩子，你以后不好好学习，将来就是她的样子。这是一位孩子亲口告诉我们的，不管这位妈妈是无心还是有意，孩子感受到的是区别对待，因为孩子家长对体力劳动者连起码的尊重都没有；有个孩子课堂上规则意识实在不强，已经到了快被劝退的境地了，出于爱惜孩子的本意，我们告诉孩子这样做会让你以后失去很多。孩子一脸无所谓地告诉我们："老师，以后有钱了还怕失去什么，再说了，我爸说了，如果不给那些老师钱他们还给你们教课吗？所以，有了钱什么都不怕。"

当然，这样的孩子非常少，不然真是一件令人伤心的事。很多时候，我们把自己最缺的东西强加给孩子，并觉得那也是对孩子最重要的，从而让孩子的精神世界变得越发贫瘠。

你不尊重他人，对当事人来讲，也许只是让人家感受到你的教养一般，但对你自己和你的家庭来讲，失去的却是一种眼界、一种胸怀。长此以往，我们培养出的孩子也会自私、狭隘且充满偏见。

爱孩子很重要，但如果你只是一味地付出，并让孩子感受到你的委曲求全与无可奈何，那孩子的内心难免自卑。所以，赏能一直说什么样的家长是最好的，是那些能够认识自我并接纳自我的。他们在认识自我的过程中，发现了自己的优势，也能更好地体谅别人，也许他们的知识水平不是最高的，但他们的胸襟、眼界却是最宽广的。所以，他们培养出的孩子品德高贵，落落大方。

b. 对另一半多些肯定

马斯洛认为我们最大的渴望是爱与归属感，若是没有得到，人们会感受到空虚沮丧。

爸爸对孩子最好的爱，就是好好疼爱孩子妈妈；妈妈对孩子最好的爱，就是欣赏并推崇孩子爸爸；一位优秀的母亲总能让孩子意识到父亲的伟大与不凡，一位大气的父亲总能让孩子感受到敬畏母亲的意义。但我们发现，现在的年轻父母们总是喜欢在孩子面前，甚至朋友家人面前指责另一半，即使从个人修养来讲，这样也是欠妥当的，更何况我们还希望另一半影响孩子呢。有的母亲为了表达对另一半的不满，常常会告诉孩子，"以后不要找你爸爸这样的男人，你看看我每天过的日子"。但关系到孩子时，再不屑某个人，也尽量不要当着孩子的面指责。每个人都是有尊严的，当指责变成一种习惯时，孩子也会习惯的，甚至传袭到自己以后的生活中。所以，尊重是最深层次的爱！

目前家庭教育中有个普遍现象：孩子妈妈承担了大部分教育孩子的工作，学校的家长课父亲参加的比例一直不大，家庭分工使父亲角色在教育中有所弱化。但实际上我们忽略了一个真相：孩子的一半来源于父亲，另一半来源于母亲。孩子能从父母双方那里获得不同的东西，让他感受到父母双方是互补的。

c. 接纳孩子

我们常常能听到一句话：我们就是子女的原生家庭。在孩子的原生家庭里，如果孩子有决定权、有参与感，那未来他在家庭里就是一个有担当、有责任感的人；如果孩子在这个家庭里总是处于被照顾的地位，那他在未来的家庭关系里难免会比较依赖对方；如果孩子在现在的家庭里接受了很多负面的甚至消极的处事态度，那这种气质会伴随他始终，进而影响他的下一代。了解原生家庭，分析原生家庭对我们成长的利弊，对教育孩子和提升自己都是有益的。

改变原生家庭不太容易，因为它对我们的影响已深入骨髓。但如果我们能够认识到原生家庭中对我们成长的不利因素，并且能够站出来果断说"不"，我们的孩子就有机会拥有一个健康幸福的原生家庭。悦纳你自己，悦纳当前的生活。如果你内心是向善光明的，那我们拥有的生活就是充实美好的。

（3）改变你的意识

为什么要做一个善良的人？因为只有你善良了，你才能看到更高层面的东西。意识影响存在，只有你意识到了自己存在的问题，并能客观地看待自己，原生家庭留给我们的才会是使我们受益的东西。

原生家庭对我们每个人最大的影响就是形成了我们目前的价值观。在这里我想分享的是，你的意识决定了高度！你处于哪个层面，你所关注的和你看到的都是你想看到的。所以，要跳出圈子来看你所处的圈子，面对孩子的时候我们的视角应该更全面。如果他在某一方面不太擅长，那他一定有其他擅长的，如果能做到这一点，我们会发现我们对每个人都更宽容了，因为我们能从他们身上汲取到能量。

同样，这样的胸怀跟眼光，还是由我们的意识决定的。如何改变我们的意识，我想送给大家三句话：①读书是最低的门槛（每本书都是作者深思熟虑后的知识结晶）。②每个人的生命都有价值（尊重、敬畏、欣赏，是我们对这个世界最好的回馈）。③存在的事物有其合理性（今天我

静待花开

们讨论如何削弱原生家庭对孩子成长的不利因素，事实上，不管我们能改变多少，这种存在对我们认识自己有很大的好处，从而更好地了解自己）。

接纳自己、包容别人、改变自己都需要我们更好地了解自己并认识自己，每个人都有使命去了解自己，因为我们的存在本身就是一种价值。

请思考三个问题：

①内心深处，你喜欢自己吗？（悦纳自己）

②你从小最需要，到现在都没有得到的东西是什么？（了解你的需求）

③什么会导致你产生负面情绪，并短期内难以化解？（意识层面问题）

附：（一位赏能老师文章）

母亲的态度直接影响孩子的态度

吴丽萍

《墨子》云："染于苍则苍，染于黄则黄。"孩子正是在和我们的相处中，成为他自己。在很多家庭中，母亲对孩子最为记挂，相对的相处时间也最长，那母亲和孩子之间有哪些我们看不到的纽带呢？

一、我的母亲之于我

从小到大，我的母亲就告诉我要做到最好。因为她就是这样的人，她是一个处处都要做得比别人更好的人，所以她也处处这样要求自己的子女，否则就觉得脸上无光。在她小的时候，没人教她打毛线，她自学打毛线，自己的毛衣都是自己打的。还记得在我小的时候，周围的邻居都喜欢找我的母亲问关键处的毛线怎么打，收几针，放几针，各种花纹怎么织，那时我觉得母亲很聪明，也很厉害，简直就是无师自通。甚至现在已经六十多的人，还在厂里跟人家年轻的姑娘比绩效，一点都不甘示弱，真是不能跟她急。

正因为有这样的母亲，所以从小到大，我都要求自己多努力一点，再多坚持一点。机会都是留给有准备的人，相信正是因为如此，虽然中考和高考都有其他不可控因素的干扰，但总体上我还是都实现了最低的目标。所以一直以来母亲对我的影响是非常大的。

二、我的状态之于儿子小黄

在我思考某个数学题的时候，他会说"我来看看"。平时我会不定期和他说说我看书的感受和想法，所以每次看到我在看书，他会问我在看什么书，在他看完某本书之后，也会向我和他爸爸推荐。"十一"假期的最后两天他把《简·爱》看完了，给我讲里面的内容，讲着讲着声音有些哽咽，眼睛里有了眼泪，然后有些不好意思地说让我自己看，他不说了。我们给孩子传递什么，他也会和我们交流什么。我是一个喜欢和别人主动打招呼的人，无论是同事、朋友，还是楼上楼下的邻居，我都会主动招呼一下，感觉这样挺好的；每次早上送小黄去学校，一路上他只要先看到别人，都会主动高声地喊一下同学的名字，有的同学会笑一下，有的同学就过来和他一起同行，这时我就退到后面去，把空间留给孩子们。我相信这份主动和热情会给小黄带来幸运的。

三、纵观周边亦复如是

古有孟母通过剪断织丝来教育孟子要珍惜时间以及坚持，这帮助孟子日后成为大学者。《在美国做妈妈》的作者蔡美儿，是大家耳中听到的"虎妈"，也是耶鲁大学法学院终身教授，她要求自己以及教育两个女儿时，常用其母亲的话"要谦虚，要谦卑，要朴素""最后就是最前，将之理解为确保你名列前茅，这样你才拥有谦虚的本钱"，蔡美儿的两个孩子分别进入哈佛大学和耶鲁大学。这都是母亲的影响。

再看看我们的身边，受到这样的优秀影响的人是如此之多。

优秀的小 N，爱美，也爱生活。她喜欢阅读，注重生活品质，在聊天中她常说到母亲对他们几个子女的教育。智慧的母亲尊重每个孩子往不同方向的积极努力发展，并总是默默支持他们，而且好学的妈妈紧跟时代的步伐，一点都不甘落后。所以小 N 也是特别优秀，积极向上。

好朋友 S，在一次 QQ 聊天中，她把和她妈妈的聊天记录截图了，母亲独自一人在国外，已经五十多岁，虽然不会说外语，但雇主十分信任她。她们聊天开始，母亲是用"女儿您好"，女儿的回复也是用尊称

"您"。当时我就被这样的称呼而惊到了。母女之间如此的尊重和礼貌，还是我第一次见到。平时总感觉到 S 让人很舒服，而且十分积极、努力上进。因为当我们看到身边母亲的同龄人打牌、跳广场舞的时候，S 五十多岁的母亲依然凭借自己的能力在努力做自己。我想这就是 S 对自己的工作和学习也十分努力的原因之一吧。

刚升三年级的小作家 Z 的妈妈，在知道有妈妈也在背诵我们小作家"教材 19"中的古诗和古文时，立马想到自己要是和小 Z 一起背诵，孩子一定会背得更有劲。正因为妈妈总能看到别人的优秀，所以小 Z 在创作时也是如此，创作中他不仅会认真地和队友讨论、请教队友，还在每次创作中努力超越别人，超越自己。所以小 Z 在考试中写了关于"秋"的作品，并认为比之前写得更好时，主动要求妈妈给他重新补充上传到赏能官网上。孩子能从内在做更好的自己，同样也因为小 Z 的妈妈每周给孩子上传作品，给了他想写得更好的目标和要求，而且妈妈每周都给小 Z 的作品细心地配上图片。在如此精益求精的妈妈的影响下，小 Z 也是如此的精益求精。

在赏能经典群里的成员中，只要是妈妈们一直在坚持读，即使没有妈妈的催促，孩子也一定会坚持参与诵读！作为母亲的我们，或许没有很高的理念，但生活中每一个好的言行习惯都是孩子的榜样，孩子一直在继承我们身上的优点或者缺点。做好我们自己，让孩子感受到我们的快乐、幸福、努力。

欢迎留言，讲述您的母亲对您的影响！

6. 父母的陪伴是不可替代的

不管自己的孩子多么普通，父母还是觉得自己的孩子最可爱；不管自己的父母多么不解风情，孩子还是最爱自己的爸妈。

苏联女皇叶卡捷琳娜二世（当时还是女大公）生了自己的孩子保罗后，彼得大帝的女儿伊丽莎白女王便将孩子带走，叶卡捷琳娜几乎见不到孩子，这导致以后的 40 多年里她对保罗怎么也激不起强烈的母爱。童年时的分离让他们之间存在很大隔阂，而保罗的孩子亚历山大一世由于要在强权的祖母和压抑的父亲之间取得平衡，很小就学会了两边说不同的话，这导致他一生做事优柔寡断，缺少自己的判断力，这种性格也直接影响了苏联与其他国家的外交格局。

那些与父母一方有很大隔阂的孩子，往往也是因为过早地和父母分开生活或工作所致，有些父母不得不与孩子长时间分开，但因为彼此的爱，即使很长时间不见，他们的感情也没有受到影响。最有害的"分离"是父母常常与孩子在一起，却总是忽视孩子，有的父亲从来不过问孩子的学习情况，有些母亲在面对孩子出现的问题时，不是主动改变自己，而是寄希望于外界。因此，他们相处的时间越久，矛盾就越大。

不管我们是否承认，总有那么一刻，对自己的孩子感到不满，甚至排斥的，情绪强烈时有的家长甚至希望自己不曾有过这个孩子。

两年前，有个家庭对自己的孩子彻底失去了信心，孩子父母商定一定要把孩子送到一个封闭的环境中去，每年只见一面。母亲直言相告，"我根本不想看到他，我希望他尽快从我身边离开"。语气里的不耐烦和厌恶让人吃惊，因为我们都认识那个孩子，他是顽皮一些，不懂规矩一些，成绩也不够好，但绝对谈不上大人说的顽劣得没救了。眼睁睁地看着这个孩子就这样去一个陌生的环境，被送到一所学费高昂的管制学校，这所学校专门针对不服管教的孩子，想必孩子的父母已经彻底失去耐心了，他们认为孩子在身边只会加剧自己的痛苦。

养育孩子不是索取。和一些家长交流孩子成长的问题时，我总能发现这样的问题，有些父母把孩子当成维持体面的筹码。生活渐渐让成人接受这样的事实：有些东西自己这辈子是无法拥有的，于是他们便把这期望寄予在孩子身上。

总能看到这样的现象，不是孩子想学某样乐器，而是父母不甘心自己的孩子没有一点艺术细胞，可惜并不是每位父亲都是傅雷，没有火眼金睛发现孩子是否真的有潜力，也未必能培养出傅聪这样的钢琴家。因此，孩子在学习乐器的过程中自然时常与父母爆发战争，大多数孩子还是没能坚持到最后；不是孩子想要上奥数，只因为家长听别人说能学懂奥数的孩子都很聪明，便强迫自己的孩子学，他们根本不顾及这孩子的兴趣实际是绘画，他对奥数真的不敏感……这样的例子真是不胜枚举。

在面对自己唯一的孩子（大多都是独生子女）时，也许自己的孩子本身就很普通，我们内心是否愿意承认，我们心底那些自己实现不了的愿望对孩子是一种负担。如果他们达不到我们的预期，我们是否会改变对孩子的看法？如果我们不能发自内心接受孩子，那这个孩子在家庭里的成长就是相当痛苦的，随着他不断长大，他能感受到的压抑会更多。

孩子，是造物主给我们的特别礼物，既珍贵又脆弱。起初的几年里，没有成人的悉心呵护，他们很难依靠自己生存下来。拥有孩子后，我们首先学会的是无条件付出，真正的爱都是伴随着无私付出的。

随着时间的推移，每个孩子在自己的家庭环境里，获得了不一样的生活技能，他可以思考自己想要什么了，那些智慧的父母总能听懂孩子在不同阶段发出的信号，也一次次让孩子参与了生命的蜕变。但遗憾的是，仍然有不少成人完全忘记了自己曾经也是小孩，要么强势地自以为是，要么让孩子为所欲为，不反思自己的做法有无不当。

如果听不懂孩子的语言，不能从他们身上学到什么，那么在做父母的幸福海洋里，他们体会到的只是几滴水的清凉。而那些畅游在幸福海洋的父母们则从孩子身上学会了包容、真诚和深爱，因为孩子身上的真善美让他们感受到了生活的美好。

因为没有期待，所以孩子总能给你惊喜。那些心态平和的父母，他们没有要求孩子一定要怎样，更多的是教孩子一种做人的品质，并以身作则，和孩子一起成长，在孩子身上不断反思自己。因为没有特别的期待，面对孩子的点滴进步时，他们总是充满欣慰和感动，不断付出爱并教会孩子去爱，而某一天孩子也会把更多的爱和同情给别人。

不管孩子的现状是怎样的，心中有爱的父母会一直陪伴孩子，用自己的力量去引领孩子，或者只是陪伴就好。

7. 父母永远赢不了孩子

《虎妈战歌》一问世就引发了激烈讨论，这位在美国出生的自称"中国妈妈"的蔡美儿通过自己不懈的努力和坚定的信念，最终成为耶鲁大学法学院终身教授。在她的身上，我们能感受到一种强大的意志力，不达目的绝不罢休的品质。而这种品质的养成得益于上一代移民父母对自己的超高要求，他们只有比别人付出的更多，才能在并不熟悉的美国争得自己的一席之地。

虎妈的成长环境和大多数亚裔移民家庭的孩子一样，父母对孩子要求严格，不能容忍孩子不优秀。学习成绩必须要得到全优，否则就是对自我潜力的一种浪费，对自己的不负责任。而大多数孩子也的确如父母期待的那样，最终成长为社会的中坚力量，可是当这一代人成为父母，面对自己的孩子时，用同样的教育方法还能奏效吗？

这本书给我的感触很深，主要体现在以下两点：

（1）原生家庭的影响是潜移默化的

很多父母不承认自己在延续父母对自己的那一套方法，可事实的确如此，不过虎妈却是很大方承认。她以中国文化中对长辈的爱和尊重来衡量中国父母的教育方式，她认为相比西方，很多中国孩子在自己长大后，往往能理解并感激父母曾对自己采取的教育方式，哪怕曾经是语言伤害或是各种训诫，和他们对孩子的正面影响相比，这些简直都可以忽略。她公开赞扬中国文化中勤奋、谦虚的品质，正如她的母亲常常教导她：你必须名列前茅，否则没有资格谦虚。所以，她一开始就列出了不允许女儿们涉足的事情：

①在外面过夜。

②参加玩伴聚会。

③参加学校的戏剧表演。

④抱怨没有参加学校的戏剧表演。

⑤看电视或玩电脑游戏。

⑥选择自己喜欢的课外活动。

⑦任何一门功课的学习成绩低于"A"。

⑧除了体育和戏剧，其他科目不是第一。

⑨练习除了钢琴和小提琴以外的乐器。

⑩不拉小提琴或不弹钢琴。

我想很多人看到这几条"清规戒律"后难免吃惊，一个妈妈强权到如此程度，还如此大张旗鼓。没错，她自己不在意别人怎么评价，她希望按照中国父母的做法，为自己的孩子设置好未来的人生，为此，不惜在两个孩子童年的记忆中种下"独裁"的印象。最让人感到不可思议的是，在孩子旅行的途中，她还要找到可以练琴的地方，有时所有人都反对，但反对无效，最终她们在精疲力尽的练琴结束后，游玩的心情也没有了，甚至好几次因为练琴效果不佳，"虎妈"继续延长练习时间，最终让双方情绪都崩溃。这么做的坏处不言而喻，孩子们对妈妈的做法深恶痛绝，甚至公开唱反调。而好处是她的孩子也获得了一种超凡的意志力，做事除了要付出百分百的努力外，还要学会没有任何借口的坚持。最终，两位孩子在音乐造诣上被人称为"神童"。

蔡美儿坦诚自己对孩子的教育方法完全是得益于父母对她们三姐妹的教育，她的父亲因为对"美国梦"的热爱和执着，最终从麻省理工大学博士毕业并执教于伯克利大学，而她们三姐妹也相继走进哈佛大学法学院、耶鲁大学和哈佛大学，捧回硕士和博士学位。在这个家庭里，没有人对自己的能力设限，父母的以身作则和严格要求，让他们最终成为别人眼中的成功者。所以，她认为这是中国父母的智慧，他们为孩子谋求长远的发展，不会过于把孩子的自尊和想法当一回事，而最终在没有虚度的年华里，每个孩子都成长得出类拔萃。

蔡美儿在孩子身上付出了巨大的精力和时间，为了让她们不庸俗，她为孩子选择了最深沉、最优雅、最有思想的钢琴和小提琴。在她这里，其他乐器是上不了台面的。孩子们也没有权利做选择，因为她已经替孩子做好了选择。她为大女儿选择了钢琴，为小女儿选择了更有难度的小提琴，最终她的大女儿在卡耐基音乐圣殿里的演出一鸣惊人，而小女儿也在小提琴方面有着超然的理解力，被人艳羡。与此同时，这两个孩子在高强度的练琴中，课业成绩却从来没有在 A 以下，一直是全优。

但蔡美儿看似成功的育儿方式并不能让她的西方婆婆接受，她的婆婆用另一种方式也培养了一位卓越出色的孩子——耶鲁大学教授，在学术上造诣极高。西方婆婆喜爱艺术，她更喜欢理解孩子的感受，更愿意让孩子顺着自己的天性成长，她觉得蔡美儿不理解艺术，生活的品位不够高，常常对"虎妈"的教育方式持反对意见。

这里我们不能武断或主观地说哪种方式更好，但可以肯定的一点是，她们最后达到的效果是相同的——培养了出色的孩子！任何一个家庭的教育方法用在另一人身上，可能并不能取得同样的效果。因为每个人成长的原生家庭不同，适合你的未必适合我，重要的是父母要找到自己的节奏，并让孩子适应自己的节奏。

（2）每个人都只能看到自己想看到的

在《万万想不到》一书中，作者提到列纳德·蒙洛迪诺（美国著名理论物理学家，任教于加州理工学院，他和霍金曾经合著过《时间简史》）说过，人做判断的时候有两种机制：一种是"科学家机制"，先有论据再得出结论；一种是"律师机制"，先有了结论再去找论据。每个人都爱看能印证自己已有观念的东西。我们不但不爱看，而且还会直接忽略那些不符合我们已有观念的证据。

不管我们是否承认，我们总在用自己过去得到的经验来思考。"虎妈"蔡美儿在父母严苛的教育方式下成长起来，她的父母在他们成长过程中，会不断把其他移民的优秀孩子跟她比较，所以，她也常常告诉她的女儿，当她们不愿意做某件事时，哪个移民家庭的孩子做了，而这就会让别人远远地超过你。

文章中提到有一次蔡美儿的大女儿考数学得了第二名，被一位韩国移民的孩子超过了，蔡美儿便每天让孩子做 20 份试卷，而且每份都是100 道题目，最终，她大女儿就一直稳稳地得第一了。看到这千万不要想着也去效仿，因为同样的方法在她的小女儿身上根本不起作用："虎妈"越是想要让小女儿按照她的要求做，小女儿越是叛逆，最终甚至到了和母亲用语言暴力彼此伤害的程度。在她的小女儿身上，"虎妈"的教育方式让她自己很受挫。多少次被小女儿用言语冲撞的背后也反映了教育的本质：每个孩子禀赋各异，需要用不同的方式来对待。最终虎妈还是选择尊重小女儿的选择，同意她辞去管弦乐队首席小提琴手的职务，最后小女儿在网球上投入了巨大的精力。

但起初"虎妈"还是不相信自己会失败，她一直坚信自己受到的教育就是最好的，因为有那么多亚裔的孩子也是在接受这样的教育，并最终走向成功。她看到很多日本、韩国、印度、牙买加的父母也是像中国父母一样教育孩子的，其实每个人都在找寻能让自己看起来更正确的人和事。

"虎妈"的父母因为是移民，所以在新的文化生态中必须付出更多的努力，他们用近乎严苛的要求让她在各方面超越别人，不然没有优势可言，她的出类拔萃离不开父母背后的付出。同样，这样的父母因为自己就是这样成长过来的，不容易再接受别人的方法，为了佐证自己方法的正确，他们通常会找和他们成长背景相同的人来说服他人。所以，孩子能受到怎样的价值影响，很大程度上取决于父母的成长背景。

而"虎妈"的西方婆婆生活在典型的欧美国家，她重视个性，尊重天性，活得更洒脱率性，即使年老依然能活得自由自信。她的生活圈子里都是以自由、自尊为常态的，没有人可以逼迫你做自己不喜欢的事情，每个人对自己的人生负责。

这两种不同的价值取向，有没有办法统一？

当然有。不管是选择宽松的自由环境还是不断地设定目标，要成为优秀甚至达到卓越，有一样品质是必备的：强大的意志力！"虎妈"和"虎爸"，他们都能坚持做自己想做的，不会被外界所左右。

因为没有人愿意承认自己做了不正确的事，所以，不管是发出哪种声音，都会有志同道合者、殊途同归者。走哪条道很多时候你自己是选择不了的，你只能在现有条件下不断地强化自己的意志力。在通往卓越的道路上，艰难和成就一直是成正比的，好的东西需要我们不断去学习再学习，不管付出多大的代价只要你认为是值得的那就够了。

不要轻易否定自己拥有的，你所习以为常的在别人看来就是一种奢侈。对"虎妈"的孩子来讲，他们期盼和同龄人一起享受童年的天真，但必须每天把大量的时间花在练琴上，最后，享受寂寞的好处就是成为令人惊叹的音乐天才。从辩证的角度讲，得到一种意味着失去另一种，世界的一切始终在遵循这最基本的定律 ——平衡。

在父母和孩子的这场旷日持久的战争中，最终的结果永远是孩子占据主导地位。作为父母，年轻的时候能多争取点主动权也是好的，最后的结果是父母永远赢不了孩子！

8. 成全别人就是成全孩子的美好未来

有能力成全别人的人，首先是能够成全自己的。所谓的高情商，无非就是愿意成全别人而已，当一个人有能力成全自己时，孩子的未来也会变得更加美好。

不管是基督教还是佛教，都在向人们诉说着认识自己的重要性。佛家有"修行"二字，修的就是行，就是自己的内心；基督教里用"福杯满溢"来告诉我们先好好爱自己，掌控自己的生活，然后慢慢爱更多的人。是的，能够成全自己的人都是有福报的人，但这些福报是怎么来的呢？更多时候其实是你成全别人之后积攒起来的。

生活中的你会成全别人吗？

微博上曾经有这样一个故事：一位事业有成的男子经过自己的奋斗终于留在了大城市，家乡的那些亲戚们自然少不了攀关系，其中有一位亲戚跟他借了两万元后便杳无音讯，从此他便跟这位亲戚断了联系。这位男子说本来那个亲戚还可以借到更多的钱，甚至可以获得更多的帮助，但他硬是用两万元买断了这种关系。也许这个亲戚根本不会有任何愧疚之情，当然也没想过感恩别人的大度。而对这位事业有成的人来讲，花两万元看清一个人还是值得的！在大城市打拼的人都知道，每一份收获背后都需要付出巨大的努力，没有谁的得到是轻而易举的。在他决定借给那个亲戚这笔钱时，他已经权衡过自己可以承担最坏的结果。尽管如此，他还是选择成全别人。

这个帖子一出来就引起了很多人的讨论，因为我们身边几乎都有这样的人，让你帮忙时理直气壮，好像一拒绝就是我们的不对了。每个人都有自己看中的东西，这个亲戚把自己的信誉、人品廉价抛售的后果是他只能跟人打一次交道，而选择宽容成全他的人获得的却是一种内心的平静和对自我的审视，从此，福报便积下了。那些总想着等别人来成全自己的人，他们的心智模式一直都是"我很弱，我需要帮助"、"帮助我是你们应该做的"、"我喜欢被别人照顾"等，他们依赖性极强，一旦要求没有得到满足，便会抱怨、散发负面消息，所谓"一人向隅，满室不欢"就是这些人的常态。他们不快乐时，别人也别想得到快乐，由于一直把自己摆在受害者的位置上，他们总是以怀疑甚至敌对的态度去对待别人的善意，这样的人很脆弱，也像玻璃一样刺伤别人。他们从不懂得成全自己，所以成全别人更是无从说起。

为了让孩子们体会到成全别人的成就感和被人成全的幸福感，我们每学期都会进行一次情商训练课（街头售书）。在这个过程中，我们感受到了孩子之间不同的心智模式。那些心态平和、阳光热情的孩子总能吸引善良热情的人，他们很快会将书全部售完；那些坚韧执着的孩子，最后也能把书售完；还有一些孩子是相对敏感的，他们在被拒绝后需要鼓励才能继续去尝试，这时候只要给他们找一个阳光热情的搭档，那他们最终也能露出欣喜的笑脸。但几次售书后我们发现售书有困难的孩子有一些共同特点：在售书开始前他们就觉得自己一定售不出去书！他们看似在努力，实际在还没有结果时便已经放弃了，非但如此，他们还一直拒绝别人的帮助，直到售书结束，你看到他跑得满脸通红时，也不忍心再说些什么。心理学上把它解释为利用愧疚而达到忽视本质的目的，事实上是由于内心的恐惧，这种孩子需要投入更多的关注。

而那些成功将书卖出去的孩子非但赚到了零花钱，更重要的是他们不再害怕困难，内心对自我的肯定更强烈了，从此便会越来越有自信。我们也发现但凡售书成功的孩子会提前用心准备各种小礼物来感谢成全自己的人。懂得感恩，懂得获得之后去回馈别人；而售书较困难的孩子在生活中较少去帮助别人，也不善于主动获得别人的帮助，在人际交往中往往比较被动。

所以，当有人问赏能课堂教什么时，我总会说一句，教会孩子感知幸福的能力，让他们知道帮助别人和获得别人的帮助同样重要。成全别人并能时时被别人成全，这应该是最好的生活状态吧，我们希望每个孩子都能拥有这种状态。

临近学期末时，老师们会给孩子们一个特别任务：让他们给被自己抽中的同学准备一份礼物——礼物价格不超过 10 元。当天课上，老师们的心情和他们一样激动，有些孩子上周本来是调整时间来上课的，但只因担心他抽到的同学会因看不到礼物而伤心，便专门让爸爸提前送来礼物，小作家李坤珉就是这么给曹恩种带来礼物的；还有人最后一次课因为回老家不在南京便专门让同学把礼物带过来。一份份礼物温暖了孩子们，也让我们感受到了孩子的单纯善良。其中让人难忘的是，一个女孩小心翼翼地拿出了自己准备的书签，真的很小，但收到这份礼物的男孩还是很高兴地笑了，因为他听到这是她专门给他挑选的图案。原来礼物的大小、价格在孩子这里是没什么区别的，他们要的只是属于自己的那一份情谊。

陶行知说过，必得先变成小孩子，才配做小孩子的先生！做父母的如果把自己的行事风格、价值观强硬塞给孩子，那孩子跟父母的关系只能越来越远。大行宫有个很活泼的男孩，长得真是可爱，但学习动力就是不足，课堂上我会有意无意地多夸赞他，所以他每次上课都来得很早，有一天我随口跟他说："你表现这么好，要告诉你爸爸。"他很平静地来了一句："我爸只会说一句，'切，你那有什么了不起的'！"上次他语文考了 96 分，一放学就激动地告诉爸爸，结果他爸只说了一句，"数学呢"？很多父母怕孩子骄傲，就一直压着孩子，以为是对孩子最大的帮助，其实孩子也需要父母来成全，他们满心欢喜欢地等着那一句肯定，但最后得到的却是另一句话。所以，这个孩子也不太擅长成全别人，爱维护自己的东西，保护欲很强，不太乐意分享。

懂得成全别人的家庭养育出来的孩子更宽容善良，也更有毅力和勇气去面对一些困难；而那些总被教导要做主角的孩子，他们后来自己也不再甘心做所谓的"配角"，他们不太乐意去服务别人，即使做了也要求有回报。很可惜的是家长以为保护了孩子不受人欺负，实际上孩子也渐渐失去获得幸福感的能力。尽管我们局外人知道他们为什么变得越来越自我，但当事人却陷入了自己的心智模式，他们认为自己的处事方式理所当然，如果结果跟他们想象的不一样时，他们会认为做不成的都是别人影响自己的，甚至会找理由来掩饰不足，最后离优秀越来越远。

跟优秀的人相处，你会发现优秀的人都有一个良好的品质——愿意帮助别人！能够随时随地甚至创造机会地成人之美，成全别人已经成了他们的一种习惯，这也是他们对自己社会价值的一种肯定。

成全别人不会给我们带来直接的好处，甚至很多时候还要放下自己的所需，但一定可以给我们的孩子和我们自己的精神带来一种正向的引导。有人说，"我们总是对陌生人宽容大度，却对亲人挑剔苛刻，如果能反过来这个世界就太平了"。一些人对身边的人过分关注，关系越亲密的反而越苛刻，焦虑感便由此产生。久而久之，这份焦虑会引起我们对身边人缺乏一种信任，不愿意成全别人，甚至当别人取得一些成就时，我们会通过其他方式抵消别人的成就来证明自己。于是我们能够看到，一个朋友圈里的人往往竞争是最激烈的。别人给不了我们压力，我们的压力更多的时候是来自于我们急于想向身边人证明什么，有孩子的希望自己的孩子是朋友圈最优秀的，有事业的希望自己是身边朋友里事业最成功的，还没有什么的，急于想证明自己这样做是有原因的。所以，身边尽是这样的例子，一个班里面孩子之间成绩的比较是最强烈的，有时候家长宁愿相信自己的孩子是班级里最优秀的，也不愿意将视野放开，让孩子向更多更优秀的孩子学习。成全别人还要足够宽阔的视野和强大平和的内心。

历史上成全别人的人很多，但是如果是带着一种功利的目的去接触别人，结局也往往是功利的。"君子之交淡如水，小人之交甘如醴"，你所得到的都会以另一种形式失去。如果你是无意识地、发自内心地去成全别人，你会发现你的内心也丰富了许多，能给别人的都是因为自己是富足的，你获得的比你付出的要多得多。

由此推断，成全别人有诸多好处，甚至它除了带给我们精神的愉悦外，还能丰富我们的内在，何乐而不为呢？没错，阻止它的就是原生家庭对我们的影响了，也许通过阅读与优秀者同行，我们会对自己有更深刻的认识，了解了原生家庭对自己的影响，也知道了制约自己的因素，我们会发现原来原生家庭给我们最大的影响是我们很难改变我们想改变的，这是一种根深蒂固的意识。有的人是想帮助别人的，但当机会来临时，他内心的第一个声音一定是先保护自己，所以事后也会有遗憾但并不影响他们继续用自己的方式为人处事。

人人都喜欢与优秀的人在一起，我们也希望自己的孩子是优秀的人，希望能够帮助别人，有服务他人的意识，那我们的潜意识里就应该有成全别人的意识，如果有，我们的孩子就是足够幸运的。

让优秀成为一种习惯，首先得要学会成全别人。成全别人就是成全自己，如果我们能更早拥有这种意识，去帮助更多的人时，那也会有更多的人来成全我们，成全我们的孩子。上帝给每个人权利的时候是做了选择的，让好人成为好人就是对好人最大的奖赏。如果你我有能力、有意识去成全别人，那我们绝对是最幸运的人。"授人以鱼不如授人以渔"，教会孩子成全别人就是我们对自己最大的成全。

令人欣喜的是，我们的群体正在变得越来越优秀，大家都愿意去成全别人，所以每个孩子获得了更多的爱和帮助，每个成人也拥有了更多的智慧去自察、去提升自己。"问渠那得清如许，为有源头活水来。"成全别人，为孩子许下一个美好未来。

静待
花开

9. 聆听孩子的声音是父母日渐成熟的标志

再读台湾作家龙应台"人生课"系列的三本书时，我又一次被作家身上那种强烈的反省意识震惊。她在教育孩子过程中俯下身来聆听的姿态，收获了许多人的赞许和钦佩，这对许多父母来讲并不容易。真正经历过成长的人其实都明白，人生有几个阶段是必须得独自闯过去，明智的父母选择等待，一些妄图继续控制孩子的父母则渐渐失去了孩子的爱。

那些尊重孩子的父母，总能从孩子身上看到成人视角里的局限，他们会及时修正自己，并且感受到儿童天性里的纯真和直率。这样的父母也总能获得孩子的尊重，就像安德烈挚爱他的母亲龙应台，他对母亲倾诉所有，而他的妈妈不是站在道德的制高点去评判对错，她会仔细回忆自己的十八岁是怎样度过的，从而更加体谅儿子的迷茫。两代人克服时间和异国文化的差异，通过书信的形式再次让彼此的心灵靠近，读她和安德烈合著的《亲爱的安德烈》一书就能窥视一斑了。

（1）父母越懂得聆听，孩子往往更出色

有些父母为了维护自己的权威，不惜牺牲孩子的自尊。去年特训结束的最后一次课，我们让各地小作家尝试了一次售书，让家长负责孩子安全即可，可是这个过程实在是体现出了父母对待孩子方式的差异。有个五年级的男孩，起初还很有积极性，但伴随着妈妈不断的责骂和责怪，这个孩子生气了，他开始消极抵抗了，最后一本书也没有售出去。其实这个孩子并不是一个积极主动的孩子，他愿意主动参加售书活动对他来讲就已经是一种突破了，他还愿意开口去问别人，更是难得，但有时候成人总会有点"得寸进尺"，看不到孩子已经取得的进步，他们反而强求更多，粗暴言语的说教比打骂更容易伤害孩子的心灵。

其间，还有一个小女孩，在准备去询问时，她的爸爸开始了大声斥责，"胆子这么小，真不知道跟谁了……"还有许多很伤孩子自尊的话。作为老师，见到这样的家长总是替孩子感到可惜，孩子遇到这类父母除了不能受到阳光健康的引导外，还要时时受压抑，长此以往，孩子会越来越叛逆或者逆来顺受。

马上要到期末考试了，许多家庭进入了全员备考阶段，家里的一切日常休闲活动被复习考试取代了，家长往往比孩子还要紧张。让我想起了期中考试刚过时的场景：考试成绩好的自然皆大欢喜，而那些成绩还不太理想的又多了几个辅导班。在赏能小作家队伍中，我们时时感受着不同家庭的教育差异。有的孩子平时做事认真，能很快专注起来，效率很高，所以他们在考试时反而是平常心对待。结果最能说明问题：会用心的孩子成绩永远都是稳步前进的；而一些孩子则不然，他们只是在假装努力，干什么事都是心不在焉的样子，一到考试了开始临时抱佛脚，但功夫在平时，结果自然可想而知，于是这些孩子的学习负担日渐累积。

这些平时认真的孩子，他们有同情心、有进取心，更容易受到正能量的引导，他们的家庭教育观鼓励孩子做真实的自我，脚踏实地，爱惜时间。这让他们感受到学习是为了充实自己，从而有能力去帮助他人，所以这样的孩子往往更有责任感。而那些只是看起来努力的孩子，他们的内心极其脆弱，很少能发自内心感受到他人的美好，他们接受到父母最多的教诲是"避重就轻""事不关己高高挂起"。时间越久，这些孩子渐渐没有了原先想要好的动力，精神状态开始不断变差。父母和孩子之间的距离越近，孩子越愿意做得更好。

（2）学会聆听，首先是要尊重孩子

两年前有个一年级的小孩刚参加特训时，我们感受到了这个孩子的阳光快乐，仅仅一年多时间，再见到他时，认识他的人有点不相信那是他：说话是那么大声，脾气特别大，喜欢破坏公共物品，校区墙上被他用圆珠笔画了许多线条，但这还不是最让人愕然的，现在的他已经听不进去任何人的意见了，只要他不高兴就会大发雷霆。好好的一个孩子怎么就变成这样的呢？不知道他的父母在他身上施行了怎样的教育方法，他的未来让人无法想象。

后来几次接触这个孩子的家人渐渐发现，原来这个孩子变成这样，跟家庭里有人特别爱抱怨有直接关系。孩子的家人每次来都会说一句："这么远接你真是太烦了！"有时小孩会说几句，家人会愤愤地说："要怪就怪你自己学习不争气。"家庭长辈的愤怒理所当然地施加给了孩子，而年幼的孩子眼看承受不了这种情绪，自然而然只能找环境来发泄了。长辈没有觉得孩子是家庭的礼物，更多地理解为一种拖累，他们对孩子缺乏基本的尊重，不管公开场合还是私底下，他们会毫不掩饰地责骂孩子。

这让我想起了《布鲁克林有棵树》里的小男孩们，他们在受到别人不公正的待遇后，不是想着怎样改变局面，而是会变本加厉地把这种"待遇"强加给比自己弱的孩子，从而来平衡自己内心的屈辱感。这样做的影响是这个地区的孩子的内心长期被愚昧和贪婪占据着，没有人想着为改变环境做出点什么，他们只想着如何最大限度去攫取。这些孩子的父母大多是处于社会底层的人，他们理解的生活处处是苦难和贫富差距，往往生活态度比较消极，这种生活态度直接传袭给了下一代的孩子，他们世代处于底层，因为自己根本没享受过尊重，所以也无法给孩子这种最珍贵的礼物。

（3）倾听是相互的，一味迁就只会适得其反

相信你我身边都见过这样的人。有人说"静待花开"，他们就开始对孩子放任自流。又听到有人说，对孩子智力要进行早期开发，他们会很快报各种智力拓展班。如果他们身边是一种声音还好，不幸的是不久他们便听到了另一种声音。童年应该是无忧无虑的，家长应该尊重孩子天性。他们开始左右摇摆，一种声音强劲时他们便以该声音的意念为主导，当两种声音此消彼长时，他们往往陷入无限的焦虑和无助中。对这样的朋友我很同情，但并不理解。受教育的目的是什么，每个人都是不一样的，适合别人的东西未必就适合自家孩子，不花精力和时间了解和发现自己孩子的潜力，却总是关注别人都学了什么，盲目从众让这些人越来越不懂自家孩子。

还有一类父母也是我们不少见的，他们对自己孩子称呼为"公主""少爷"，这本来是爱称无可厚非，重点是他们真的成了孩子的奴仆，孩子要买什么就买什么，有的小孩鬼点子很多，甚至让父母帮他做作业、交朋友。久而久之，这些父母越来越没有自我了，原以为这种付出会换来孩子的理解，可等待他们的只是孩子的不断索取罢了。最可怕的是这些孩子可能成为未来的"巨婴"，产生一系列社会问题。

在今天的家庭里，每个孩子比过去有了更多选择的权利，他们可以选择玩游戏，或者选择数额巨大的零花钱，有的孩子还挺不节约的，一个月要买若干个乐高玩具、若干本日本动漫书，甚至动不动要挟父母，如果不给自己这个就要怎样。父母要懂得聆听孩子，这是对孩子的尊重，检验这份尊重的标准是孩子是否对你同样理解并信任。一个优秀的孩子是愿意聆听父母心声的，他们体贴父母的不容易，能看到父母为了使生

活变得更好而做出的努力，所以他们对自己有极高的要求，凡事力求尽善尽美，走到哪都深受他人喜爱。我觉得这样的孩子很美好，这样的家庭关系很和谐，他们认为彼此都是生命中最重要的组成部分，相互鼓励，相互成长。

可是，让孩子懂得聆听父母又何尝容易呢？一些父母根本不愿意放下做父母的权威，他们觉得跟孩子说话不能顺着他们，至少自己拥有绝对话语权，孩子既不太敢，也没有机会表达自己；大多数的孩子，他们陷在父母的糖衣炮弹里，不断提出物质要求，通过各种方式去获得父母的爱护，一个个"乖宝宝"就这样养成了，这都不利于他们未来独自面对生活。

不可否认，一些父母正是凭借超强的毅力和生活的勇气，逐步拥有了更好的生活。所以在面对自己孩子时，难免想将自己的经验一股脑传授给孩子，想让他们少走点弯路，但孩子成长不是靠别人经验就能顺水顺风的，每个人的人生都无法假手于人，都需要自己去面对。何况一马平川的人生能看到多少美景呢？

《小王子》里说过，许多父母曾经也是一个个儿童，不过等他们长大后很少有人能记得这件事了。但愿每位家长在孩子成长的路上既能做好引路人，也能当好聆听者，不要妄图去规划孩子的未来，平静地聆听才是我们陪伴孩子最好的礼物。

10. 那些过度投入却鲜有回报的关爱

最近在读陈鹤琴先生《家庭教育》一书，感慨颇深。作为父母，我们对孩子教育时谨言慎行，但与陈先生相比，差距还是很大。陈先生在提到跟自己儿子的相处之道时，有个原则让人印象深刻：做父亲的应当同小孩子做伴侣。他讲到一个反面故事，是父子之间不作伴的。"有一位60多岁的钱老先生，他待儿子极为严格，儿子也很怕他。有一天，他的儿子在赌场看赌，被他知道后，30多岁的儿子仍然挨了一顿严苛至极的打骂，让儿子脱去衣服跪在灶神面前，举起可怕的藤条就抽儿子。我们可能以为这位儿子以后再也不会进赌场了。不料十年过后，这位老先生去世，这个儿子就开始了大赌，遗产已经输去一半了……"听着的确让人唏嘘。

生活中我们常见有些父母慈眉目善、颇有涵养，可孩子却"作奸犯科"者不乏其数，是父母不愿教育孩子吗？是父母的言行不好吗？都不是。这是因为对大多数父母而言，更多是父母在孩子成长过程中扮演了一种旁观者的角色，孩子并没有从父母身上学到真正的处世态度，想来真是可惜。

回归到赏能小作家队伍中，我们发现优秀的孩子往往和父母建立了一种亲密的精神关联，也有一些孩子，父母在其身上不遗余力地花费了大量精力，但孩子并未感知到，教育成效并不佳。究其原因，是因为孩子并没有从家长（家庭）这里获得真正的精神关联。

让我们一起看几个真实存在的例子。

案例一：

A的妈妈平时比较关注心理学。我们见到这位妈妈，觉得她对孩子真用心，就想到她的孩子一定会相当出色。后来我们见到A，反差让我们大吃一惊。这个三年级的孩子比较叛逆，过于敏感。在大家面前，她根本不能受任何她认为的批评，不能让她受任何她认为的"委屈"，否则肯定大哭，哭的同时她还会摔东西、砸东西。上课中，老师按常规对她要求课堂规则意识，结果她马上就哭，边哭边自言自语。这位老师也有自己的孩子，本身就是位优秀妈妈，就按平时对待自己孩子的方式，没理她，希望她冷静一会儿，孰料她不依不饶，并开始影响旁人。

当时我在楼下上课，听说一位同学哭了，我赶紧上楼，小声告诉老师："不要紧，先带其他孩子到楼下。"我走到 A 身边，轻轻安慰她，问道："现在没人了，能告诉我为什么哭吗？"她开始解释：她和好朋友总是忍不住想说话，而且还不断玩铅笔盒，老师当面指出来了几次，后来老师告诉她，如果再说话就把你铅笔盒没收，然后放到外面。她一听就哭了，并死死抱着她的铅笔盒。

后来孩子妈妈来了，因是相熟的朋友，在支开孩子后，我便告诉妈妈，孩子过于敏感，太没有安全感了，要多关心孩子的内心想法。孩子妈妈告诉我说："不会吧？也不可能，我对她基本是有求必应，她平时最黏我了。"其实也能理解，这位妈妈对孩子格外关心，平日的关爱自然不会少。我想下次课再观察观察。

在第二次和第三次课上，小女孩依然不愿意和别人分享自己的作品，创作结束后紧紧抱着本子。小作家中这样的孩子并不多，因为大家都知道，写出文章后还要出版成书，拿到大街上去出售，有人喜欢自己的作品是光荣的事！可这个孩子就是不愿意，如果我们拿对其他小作家的要求来要求她，那么她马上又要哭。老师们一致认为，这个孩子一定不是她妈妈想象的那样，她是如此敏感，如此需要关注。

在后面的几次课上，因为小女孩一直担心各种各样的问题，她妈妈说孩子不想来上课了。她每次都告诉孩子，今天老师说要奖励你呢！"老师你们今天一定要记得给我女儿一点奖励，我已经告诉她了！"我们听着深深感觉到无奈。孩子明明是喜欢赏能课堂的，而且对孩子的成长是有益的，我们一直要求家长不要干预赏能教学过程，但妈妈总是在干预，现在的结果是孩子不想来了。我们商量之后，一致决定让孩子先暂停一段课，但在此期间孩子可以根据自己的兴趣上传文章至赏能教育网，老师们会持续通过她的文章来关注孩子的成长，等她想来了再来（后面，这位很关心孩子的妈妈一篇文章也没有上传，为数不多的几篇还是老师帮忙上传的，这是后话）。这学期孩子又来了，比之前好了很多，老师们感到欣慰。转眼间，小作家118项动态监控指标统计结果出来，这个孩子在低分队伍中。我们决定从心理学角度全面分析一下孩子的性格，为此，"房树人心理测试"跟小作家相遇了。

美国心理学家写过一本书《儿童绘画心理学》，该书曾经一度大受欢迎。大致是讲述如何从儿童的简笔画中解读儿童心理，很有说服力。"房树人心理测试"也有异曲同工之妙，孩子只需要思考5分钟左右时间，在白纸上画下自己想到的房子、树和人，画面布局全部自己决定，反面我们设计了一项关于学习成绩的问题，告诉孩子是"秘密花园"，只有你自己和老师知道结果，你可以写下最真实的答案。其中有个问题是：你觉得谁最关心你的成长学习？孩子跟老师一再确定父母不会看到这个答案后，果断写下了两个字：没有！当时让我们大吃一惊，这个妈妈都恨不得天天追着女儿跑呢，为什么孩子连妈妈都没有写上。老师当时问道："连妈妈都不写吗？老师觉得你妈妈很关心你的学习啊！"她很坚决地摇摇头。

其实，大家已经明白了，并不是说你事事顺着孩子就是真正关心孩子，孩子要的是父母跟自己的交流。因为担心打击到这位妈妈，答案到现在我们都没有告诉她。我们一直在用赏能的方式努力改变孩子，让孩子自信，让孩子爱自己的爸爸妈妈。

案例二：

B的父母是高级知识分子，妈妈温文尔雅，爸爸更是敦厚沉稳。看到这样的父母我们肯定会想，这不是最理想的父母吗？他们的孩子肯定会特别好。事实再次相反。

B是我们见过的最胆小的孩子，做任何事情前她都会紧张地说："我做不好，我不敢。"起初我们感到很纳闷，为什么这个孩子一到陌生的环境就变得如此局促，还有，她也不像其他孩子完全退缩，其他孩子可能不说只是退到后面，这个孩子紧张到声音发抖，我们最初以为孩子心灵是否受过什么伤害。她越害怕、越不敢，就越想证明自己不是这样，不管自己擅长的还是不擅长的，她只要看到别人去做，她也去做。

有一天，小作家们开始演讲了，她马上神色紧张地跑来说："老师，我不敢。"说着就想哭了。我赶紧安慰道："别担心，你才刚来不久，今天你先看别人怎样演讲，后面你肯定没问题。"没想到孩子紧接着来一句："我肯定不行。"我告诉她："并不是每个人都需要演讲，你可以先看别人演讲，等你可以了再讲，大家都是一步步来的，别担心。"我第一次见到这样的孩子，在看别的孩子演讲时，心里也一直想着这个孩子，时时用余光观察她。始料未及的是，5分钟后她也上台去了，但她演讲的声音小到估计只有自己能听到。下面的同学马上要开始喧腾了，我告诉孩子们："这是 B 同学第一次上台演讲，大家都已经讲过好几次，自然知道怎样讲，我们是不是可以给 B 一些掌声。"赏能的孩子从来都是大方和友爱的，话音刚落，掌声顿时响起。那节课她很开心。

后来我们听孩子妈妈说，女儿的作文是很不错的，但是性格放不开。来到赏能是因为赏能的理念很好，希望女儿的身心各方面都能得到发展。B 的妈妈是那种做事极其认真而且很虔诚的人，她对老师、对大家总是非常客气。我们想孩子的妈妈如此温柔、大度，为什么孩子现在这样紧张，所以一定要让 B 先放松。

开始写作了，问题一个个不断袭来。

首先，当所有的孩子们打开创作本开始创作长篇时，B 很紧张地跑来告诉老师："我不会写长篇，怎么办？"语调里满是紧张和不安。尽管赏能课堂上长篇创作是贯穿始终的，但初来的孩子可以根据实际情况决定创作内容。于是我们便告诉她，那你就先写短篇，下周再开始长篇。她才放心去写了。大家全沉浸在创作中时，一阵响亮的撕纸声划破了宁静，她把自己刚写的文章全部撕了，我赶忙跑过去，一看，天哪！她笔下写出来的字跟电脑打印出来的有什么区别呢？全部是认认真真一笔一画写出来的，我还从来没见过一个孩子在写字上如此用功。于是我说："这么好的字撕了真是可惜，写得真好啊！"她马上反驳："老师，我觉得不是精品文章。"

后面每节课上这个孩子都会有"插曲"，不是撕本子，就是不安地看着别的孩子创作，我们也一直在寻找能让这个孩子放松的方法。后来，小作家们合唱了一首歌，B 那次唱得非常用心，看来这是她喜欢的。走的时候她说自己下周也要唱首歌，我们爽快地答应了。还有什么比让一个孩子身心愉悦更重要的事吗？必须答应！

之后的 B，好像渐渐放松了，上传文章非常积极，很多都是精品文章。有时，为了测试她的心理素质，故意不将她写得不错的文章评为精品，因为听孩子的妈妈说，她觉得自己的每一篇文章都应该是精品，如果自己觉得不是就撕了。这点很不好，因为每个人的判断标准不一样，一定要学会相信自己，但也要接受不同的结果。现在，创作时她很少问起初的那些问题了，创作也相对更有信心了，有几次课上创作突破了 700 字，更重要的是她现在变得非常有团队意识，以前她总是担心自己说不出来或者写不出来，现在的她开始关注别人。

说这个孩子不同，是因为我们原以为孩子应该很好，但她明显很压抑，她身上充满了孩子不该有的焦虑。同样，我们能想到，这个孩子的"秘密花园"答案上，最关心自己学习成长的，没有爸妈！根据我们对 B 妈妈的了解，这是一位特别有爱的妈妈，平时更是十分关注孩子的教育。但十分关心孩子的结果却是孩子觉得没人关心她。

孩子的世界非常单纯，他们的要求很简单，他们希望有人陪伴自己，有人能跟自己分享成长中的种种烦恼和喜悦。但大多数的父母往往忽视了儿童的心理，一味地从自己的立场出发，简单粗暴地干预孩子的行为，最终导致孩子跟父母的心理距离非常遥远。和父母没有建立起真正的精神关联而长大的孩子，往往就是所谓的"问题孩子"。相信每个家庭都会用自己最大的智慧教育孩子，每对父母都在用自己最大的爱呵护孩子，希望我们的孩子能感受到这些爱。孩子认为的亲密关系往往不是距离上的远近，更多的是孩子对"有力量的父母"的崇拜和欣赏。

案例三：

C 是名副其实的书虫了，你能想象到的爱看书的形象她都有，她总是走到哪看到哪。如果你不跟这个孩子讲话，肯定觉得她也是个不错的孩子。但她来到赏能的第一节课上，就向我们"展示"了她的与众不同。那天是她第一次来赏能，旁边有个孩子说了一句话，她马上就爆粗口责骂这个孩子。赏能的孩子都会时刻注意自己的形象，公开场合发表负面言论是要扣分的，每个人都有义务让他人感到舒服。所以，一听到这个女孩讲脏话，其他孩子惊呆了，马上向老师反映。我用目光和她交流，她的坐姿几乎是趴着的，表现出一副无所谓的样子。我便很严肃地告诉她："你现在没有分数，等下如果因为你表现突出得到了奖励，要扣掉 2 分，因为你刚才的言论冒犯了他人。现在开始，坐姿要好、背挺起来，这是一个优秀小作家的基本要求。"她愣了一下，马上就把自己的嘴巴捂上了，至少一段时间里再没有骂过别人，但坐姿始终很不好，我便走过去让她把背挺起来。她还是很愿意接受别人意见的，因为爱看书的孩子大都是优秀的孩子，他们只是不知道约束自己而已。途中，她又有几次趴桌子，小作家们特别热情，总会在第一时间提醒。所以，后来她的坐姿也是越来越好了。

第二次课上，她表现一直很好，但是别人演讲的时候她总是偷偷在桌底看书，很多孩子刚来时都有这样的坏习惯，这个习惯特别不好。看书本来是愉悦身心、接受知识的美好体验，结果还要防着老师，偷偷在桌子底下进行。所以，一来到赏能我们会告诉孩子们，看书的时候要把书放在桌子上，用最好的姿态看书，这种样子才是最美的。赏能的课堂非常注重细节，也一直在强调规则意识，每个孩子都应该尊重他人。因此，当别人演讲时，大家都应该认真地聆听，听完后还要提出意见。很多孩子已经可以称之为出色的点评家了，但 C 显然不知道，她在偷偷看着自己带来的小说。我走过去告诉她："你要扣掉 2 分，等下这位同学讲完你要点评，如果能点评出来，同学接受你的意见，分数就还给你。"前半部分她肯定没有听，后面她听得很认真，点评了同学的演讲，但我们发现她的点评中负面话语居多，批评性意见占较大比重。我告诉她，作为赏能小作家，要能指出同学的不足，但更重要的我们要帮助同学进步，所以，给出意见时尽量从积极正面的角度出发，不足的意见可以在后面告诉他。每位站在台上的同学都希望听到鼓励的声音，只有我们把赞美献给别人的时候，我们自己才能收获赞美！

听后，C 又提出了同学的优点，那位同学说接受她的意见，因此 C 的分数并未扣掉。课程结束后我当着孩子妈妈的面表扬了孩子，并告诉这位妈妈，C 非常有爱，今天给同学的意见都特别中肯。可想而知，跟真正优秀的小作家相比，C 还有不小的差距，但我希望她今后可以更加热心地参与到同学的演讲中。通过表扬与引导，后面的几次课上因为她总是鼓励大家，很多人都指名让 C 参与点评。这就是语言的魅力。

这个孩子的妈妈也是一位知识分子，能重视阅读的父母多半都是在阅读中受益的智慧父母，所以便和这位妈妈谈了目前孩子身上存在的几个小问题。妈妈非常谦虚，一直很认可地点头，并告诉我，只要有需要自己配合的请及时告知。她对孩子的关爱之情溢于言表！事实上，这位妈妈对孩子倾注的关爱不比任何妈妈少，但孩子却没有感受到这种爱。她的"秘密花园"答案上最关心自己成长的人是"几乎没有"，这四个字肯定会让妈妈难受，因为我们看到这个答案时都觉得很伤心。很多孩子要是知道妈妈爱自己的心有多么真切后，还会写下这样的答案吗？

每个家庭的孩子都在渐渐长大，父母陪伴孩子成长的时间也是有限的。据我们对众多父母的了解，很多父母工作、生活的核心就是孩子，为了孩子自己的生活都已经让位了，但孩子的答案怎么这么让人不解？

爸爸妈妈付出的关爱到底转化成了什么？

父母如何与孩子建立精神关联，我想这是一门艺术，也是教育的精髓。如果说这种关联的背后是一对有自我教育能力的父母，那么这个孩子的一生将是多么幸运。父母身上的优点孩子会很好继承，同时也丰富自己的智慧，这样孩子以后注定是异常优秀。有的孩子跟父母关联异常紧密，但孩子的父母并不是良好的自我教育者，孩子学到的更多的都是不好的习惯，在后期要进行改变会非常困难，甚至会伴随一生，这就是原生家庭的复制（因本文内容的有限性，这种情况会另文探讨）。

我们在探寻如何使孩子更快乐的途径，也在找寻更好的使孩子品学兼优的方法。归根结底，答案还在父母那里：你想让孩子成为一个怎样的人，你就在用什么方法培养他。自私狭隘的父母教育不出大气高贵的孩子！只要跟孩子建立良好的关联，低调有涵养的父母培养出的孩子自然不差。

做父母是一门学问，做合格父母更是一门艺术。艺术之路博大精深，修行到何种程度全靠个人的悟性，但这其中有一条黄金准则：要做好人，善良正直是必不可少的！

11. 别人家的孩子没有你想象的那样轻而易举

　　提到别人家的孩子，我们都不陌生。为了让自己的孩子有进取心，多少"别人家的孩子"被我们无端提及，并让自家孩子心理上有不愉悦的体验。孩子们甚至称"别人家的孩子"为奇怪的生物，家长们羡慕别人家拥有着这份特别礼物，因为看不到自家孩子的优点，或者被别人家孩子身上的光环遮盖，一些家长甚至认为别人家的孩子代表的就是完美，是无法超越。所以，在不断比较中暗自叹息，进而对自己的孩子愈加苛责。真正别人家的孩子是怎样的？我想就我认识的那些闪耀的"别人家的孩子"跟大家分享一些鲜为人知的故事。

　　进入一个群体，不管我们是成年人还是儿童，总能发现有些人各方面都比我们强，起初我们也许只是好奇别人为什么那么优秀，但后面当我们发现差距越来越大时，更多的主观理由帮我们寻找平衡：他们有哪些得天独厚的条件；如果我们是他们，我们可能还要做得更好，我们就是差了那么一点条件；他们只是比我们会来事……这些看似合理而又显而易见的理由让我们对那些真正优秀的人带有偏见。实际上，优秀的人之所以优秀并不是因为他们已经拥有外界对成功的评价标准，最关键就在于他们总有力量改变现状，不管他们身处何种境遇，他们都能扭转局面，并让事情朝着更好的方向发展。

　　同样，那些"别人家的孩子"可能是班级里的佼佼者，也可能是那些我们仅仅有过一面之缘的孩子，但因为他们的特别，我们总是对他们印象深刻。"别人家的孩子"在人群中一直都是那么闪亮，让我们很容易产生误解，这是不是天生的？有一点我想跟大家分享，那些优秀的孩子显然都是有某些共性的，深挖那些优秀孩子之所以优秀的原因，我想有几点是需要我们关注的。

　　（1）父母的情怀、格局决定孩子精神生活的高度

　　苏霍姆林斯基在研究和教育学习暂时较差的孩子时发现一个观点：家庭智力生活的局限性和惊人的贫乏性是儿童智力落后的原因之一。为了佐证这个观点，苏霍姆林斯基发现了一个现象，在几个不幸的儿童身

上，他们的母亲在跟孩子的交流中，所使用的语言总共只有两三百个词汇，这些儿童对人们平常从童话、民歌里引用的那些词的感情色彩茫然无知……起初看到这个观点时，我深为震惊，因为我们身边也有一些这样的儿童，他们很少开怀大笑，很少激动，很少兴奋，甚至在他们身上很难感受到作为一个孩子的童趣。这些孩子的父母在和孩子交流上存在问题，这些孩子一旦进入学校，他们会发现自己跟别的孩子是不一样的！他们的学习生活将比别人更辛苦，因为这些儿童的智力并未被充分激发。

大师讲堂开讲已一段时间，查教授跟我们分享了经典对重塑精神世界的重要性。重拾经典的过程异常艰难，这跟当下教育体系的衡量标准有关。所有的东西都被量化，就古人习以为常的诵读经典，很多成人在刚开始接触时都会问一句：成人读经典有什么好处？诚然，我们问这个问题也许仅仅只是出于对经典的不了解，但至少反映了一种心态：我们做任何事都希望有所回报。实用性是我们衡量一个东西或一件事的重要标准。不管我们是否承认，教育孩子也正在变得更加带有功利性色彩，我们太希望所有的学习能有立竿见影的效果，太希望自己的孩子学有所用，并且都能在考试成绩中体现。

于是，大家的时间都变得更加宝贵，每个孩子都在朝着考高分的目标努力，做任何事情都要计较得失。如果觉得是服务他人或者使自己利益受损，那么这件事很可能没人做，即使对我们的孩子来讲是举手之劳。

我给大家举个例子吧！有一天下课后，一个特别可爱的女孩看到教室桌子上有点灰，她便拿着抹布帮老师擦桌子，这个过程是完全主动的，没有人提醒她。我们的老师看到后很激动，觉得这个孩子太好了，主动意识真不错，但考虑到已到午餐时间便提醒孩子不用擦了，结果几分钟后，孩子的妈妈来了，当她看到自己的孩子在擦桌子时，上来问的第一句话就是："为什么别人都在围着老师换分，你却在这儿擦桌子？别擦了！"孩子很委屈地放下了抹布。这个孩子真是一个特别乖巧的女孩，她非常懂事，可我们也能想象到，她很少在公开场合发表任何观点，这和妈妈眼里强烈的职业贵贱观念是分不开的，有些事她总认为自己的孩子是不应该做的，可是所有台前的事都是由幕后很多努力的人准备的。她以为自己在帮孩子，实际上她在一步步逼孩子变得更加胆小，也在一步步把一个可爱热情的孩子变得狭隘自私。

每个人都想遇到真诚善良的人，都希望自己被温柔相待。可是，在我们苛求别人完美时，我们自己是不是这样的？最无奈的是，一些人竟然认为很多事情该做，但不该由他们做，也不该他们的孩子去做。我们一直说培养孩子一种高贵大气的品格，形成孩子独立的人格，但如果我们的孩子处处只考虑自身利益，很少为他人考虑，我想这个孩子将来也难成大气候。正如吴军博士在《大学之路》里所言：一个人一生能走多远有两个决定因素，一是服务社会的意愿；二是对所从事的事业的喜爱程度。这两点其实有一个共同的东西：热忱！想要我们的孩子拥有志向，培养孩子格局和情怀应该是父母做的第一个功课。

但是，并没有那么多家长对自己充满信心。记得一位 80 后家长在第一次跟我交流时谈到了自己的顾虑：想要让孩子学好传统文化，但身边总会有另一个声音对自己说，看看人家西方的教育吧，每个孩子都充满活力，个性都得到了彰显，好像都学得很轻松嘛。他自己又有些矛盾，是不是自己的教育方式出问题了，但自己也没有什么可供参考借鉴的经验。所以，本来是最不愿意让孩子上辅导班的，没想到最后他的孩子却成了上课最多的人。我想这样的父母肯定不在少数，作为父母，我们都很期待自己的孩子优秀，于是在教育孩子上可谓是不遗余力：这里有专家有名师，马上想要带孩子去感受一番；那里出现了创新课程，马上想让自己孩子的思维得到更大拓展。所有人都在找寻最合适的优质教育资源，但真正好的教育者就是父母本身。教育不是一件复杂的事，日常生活中的柴米油盐、诗情画意都是教育，我们的孩子将来精神世界是否丰富就取决于我们传递给孩子的生活态度。

当我们希望孩子得到爱时，首先得教会他们去付出、去感恩。也有父母说我的孩子很善良，也很大方，但为什么在学校总有人欺负我的孩子，而且他对同学也很好，但他的同学对他好像不是那么友好。其实，出现这种问题的原因，就是我们依然忽略了一个本质问题：我们传递给孩子的感恩是有条件的，我对你好你就必须对我好！如果一不对等，马上就会表现出不平衡的心理，我们好像期待只要自己付出就要有所收获，这点孩子也会原原本本延续下去。这不是感恩，是交换，孩子很难培养出真正的贵族精神：分享、博爱！

"两弹一星"元勋邓稼先五岁第一次踏进校门时，其父便跟孩子说了这样一段话："从今天起，你就是一个读书人了，从此要有个读书人的样子，古人讲圣人有'三不朽'——立不朽之言、立不朽之德、立不朽之功，你要以此为自己的人生目标！"邓稼先后来的成就让我们看到了胸怀对一个人一生成长的重要性。这也是父母的格局和情怀对孩子成长的重要性！

令人稍感遗憾的是，我们的孩子好像已将生活等同于认真学习，很难也很少有孩子有自己真正的兴趣爱好（真正想要研究或者将来想从事的职业），他们甚至常常会对生活产生厌烦的心态，这也引起了赏能老师的一再关注。我们热切期待每个孩子能真正去发现自己、认识自己，但这些同样需要父母双方或者一方能够认识到。家长也常常说要意识到对孩子成长的不利因素，但回归到自身，我们还是很少做到从容淡定——每个人都在赛跑！如果我们不参加这个竞技比赛，难道我们的孩子就不会跑步吗？当然不，一切只取决于你自身的态度！当我们自己具备不断学习的能力并且能够站得更高的时候，我们才有智慧去引导孩子。只有当我们翱翔时，我们才能告诉孩子晴空万里的景象；只有当我们攀登到顶峰时，我们才能和孩子分享"一览众山小"的气魄。

（2）荣誉都是你想要看到的

"别人家的孩子"在你眼里几乎是完美的，是全能的！"他才三年级，钢琴都过了十级了，我家的五年级今年才六级。哎！人家的孩子怎么那么厉害！"看了一场赏能颁奖典礼，几位家长留言说："节目太精彩，可是为啥我家孩子没有一点艺术才能，怎么孩子就那么心安理得、不思进取呢？""那谁数学又考了全年级第一名，我家的上了好几个奥数班，数学成绩还是没什么优势，真怀疑自己用错劲了"……

那么多"别人家的孩子"让我们喘不过气！

可是，你怎么不想想：那个三年级过了钢琴十级的孩子从三岁开始学琴，好几次练琴时他都想要放弃，但最终挺过来了，付出的艰辛我想只有他自己最清楚；晚会上那些表演魔术、相声还有葫芦丝的孩子，他们可喜欢自己正在做的事啦！因为喜爱，所以他们投入了最大的热情，而有的孩子也许一遇到困难就想要放弃。事实上当你看到舞台上那些自信舞动的精灵时，你也许已经主观臆断认为他们的成绩肯定很优异，但这仅仅是你认为的，他们也有自己的烦恼；上了好几个奥数班的孩子他不是没有能力考好数学，只是他已经失去了思考的热情，为了上课而上课，学习上越来越被动了……

时不时会有家长来咨询关于孩子教育的问题，我也在不断聆听每位家长面临的真正困惑。也许你以为你面临的问题别人家的孩子都不存在，但是我可以告诉大家，哪怕这个孩子在我们眼里看起来是多么完美，孩子的父母依然能找到一些问题，而这些问题恰恰也正在影响着这个孩子。所以，每个家长最需要做的就是给自己一个恰当的定位，给孩子一个合理的评价！

记得一位教育孩子非常出色的妈妈随口说的一句话：我和孩子爸爸就挺普通的，但是我很感恩也很知足，因为我的孩子现在表现出来的一切都比我们要优秀得多！这是多大度的父母啊！很多时候，我们在和孩子相处的过程中，就是少了这样一种意识，总觉得自己可以主宰孩子，想要把孩子的一切紧紧地抓在自己手中，因为这位妈妈对孩子是真正做到了平等尊重，这个孩子在各方面展现出了非同一般的魅力：他成绩优异，生活能力也很强，独立自信，对任何事都很认真。没有人会厌恶这样的孩子，他就是我们眼中的"别人家的孩子"，也是真正意义上健康成长的孩子。

再来跟大家分享一个我身边孩子的故事吧！有一次一位孩子妈妈来咨询赏能课程，她的眼神里充满疲惫，这位妈妈肯定是在孩子身上花费了大量的精力和时间。一看家长的精神状态，实际上不用见到孩子都能知道这个孩子是怎样的状态。果不其然，孩子妈妈的第一句话就是："现在孩子对学习根本没有任何兴趣，跟他说什么他好像都是心不在焉的，你说我该怎么办啊？"这位妈妈说起孩子时的那种无助和焦虑让我感受到了她对待孩子的方式。但是焦虑的心态不利于培养出平和聪慧的孩子，如果家长不调整心态，这个孩子也会陷入焦虑。

她在提到孩子只对一个她认为跟学习成绩无关紧要的事物（打游戏）感兴趣时，表现出极大的担忧。我跟她提到小作家队伍中有特别热爱游戏的孩子，她马上说道，"其实我亲戚家就有这样一个孩子，但我认为这样的孩子不可复制"。我想这也解释了大多数父母之所以焦虑的根源，即对未来不确定性的担忧。为什么别的孩子表现出的一些特质就是优秀的，而这些特质真正表现在自己孩子身上时，我们却认为这是不可接受的。对孩子缺乏信心实际上是我们本身的不自信。

那些"别人家的孩子"身上的荣誉的确闪耀，也非常让人羡慕，但是我们有没有发现那些荣誉都是我们的主观臆断，自家孩子有什么我们好像很难看到，但没有什么我们就太敏感了，那些"别人家的孩子"有的正是我们家孩子没有的，而这也让我们对"别人家的孩子"产生了误解，也许我们的孩子拥有的说不定正是"别人家的孩子"梦寐以求的。

教导孩子如何看待荣誉，也越发考验家长的心态，如果我们自身不太在意外界的荣誉评定，孩子也会越淡定；反之，我们自己过于看重荣誉，孩子得失心也会很重，他们会特别在意外界对自身的评价。究竟是否应该过分看重荣誉，我想，对于这个问题，仁者见仁，智者见智，只是我们不要在别人的赞誉中迷失了自我就好。我想送给大家一句话：不要拿自己的短处和别人的长处比，每个人都拥有自己独一无二的优势，重要的是做好你自己，成为你自己！

（3）每个人都是普通人

我们身边常常会出现那种自带光芒的人，他们像太阳，照耀着跟他接触的每个人。他们善于接纳，给人带来非常舒服的感觉。身边这样的人不少，但他们并不见得被每个人所发现，因为每个人都是普通人，都是在努力做好自己。

有人告诉我，小作家C是那种一见就让你喜欢的孩子。果不其然，有一次我们进入了同一个读经典的群里，C同学发言积极，是那种主动意识非常强的孩子。有一天他读经典，徐妈旁听，C同学便和徐妈说："阿姨，我好喜欢你！以后咱俩约定好，周日我读经典你旁听！"那叫个干脆利落，我们都觉得他很可爱！小C的情商很高，他之所以是别人眼中的牛娃，不就是因为他的童真、可爱、真性情吗？他也只是一个普通的二年级孩子而已。

再说说另一位牛娃，他很低调，学习对他来讲真不是什么难事（他非常热爱读书，对很多事物都饱含热情），每次的优异成绩好像都是那么轻而易举，但生活中的他跟大家并没有什么区别：喜欢美食，喜欢有自己的时间做自己喜欢的事，当然也不喜欢做作业。哈哈，单凭这一点估计也令他妈妈头疼了。可爱的他热爱生活且很有生活品位，只要全家计划去旅行，他总是热心地安排好出行计划，甚至连学校老师的出行都会请他来做攻略。他对别人永远是那样宽容真诚，让人感受到了一个孩子身上应该展现出的魅力！

别人家的孩子也是普通人，他们也在不断进步，也会遇到很多大家都遇到的问题，同样他们也会失望低落，也会遭受打击。因为别人家的孩子有属于他们那个层面的高手，只是这些从来都是我们看不到或不愿意看到的。他们成长的每一步都是脚踏实地，他们和我们的孩子一样，也需要鼓励，我们何不以一种更加宽容和客观的心态去看待别人家的孩子？接受别人家孩子的优秀，也能看到自己孩子的努力，让别人家那个常常被我们挂在嘴边的孩子慢慢成为我们孩子的榜样或相互促进的动力。到后来我们会发现原来我们的孩子也是别人眼中的那个"别人家的孩子"！

当真正了解别人家的孩子后，我们会发现别人家的孩子要获得成功并没有我们想象中那样轻而易举，他们今天所取得的一切成绩，是这个孩子乃至这个家庭持久坚持的结果。我们很容易把自己没有的认为是最难得的，也容易产生想要拥有的冲动，但真正优秀的家长更应该客观地看待别人家的孩子荣誉背后的东西。我们是否愿意为获得那些成绩去努力？努力到何种程度？不要再告诉自己的孩子，那是别人的天赋、是别人更聪明。没有一劳永逸，我们应该真诚地告诉孩子，离孩子自己拥有的和自己付出的之间还有多少距离；同时，在别人家的孩子身上看到自己孩子的优势，真正悦纳孩子。

生活在尘世的我们，很少有人对自己是真正满意的，与其彷徨纠结，还不如调整心态，真正审视我们的生活。我们今天所面临的一切选择，甚至被我们认为的弯路都是在为今后走得更稳而做准备，经历越多，成长越快！只要我们在不断学习、不断进步，那么当下拥有的就是最好的生活！

请记住，每个人都是普通人，但我们精神世界的高度却能给孩子不一样的生活体验，这就是家庭教育的意义所在。

12. 给"后进生"家长的三点建议

苏霍姆林斯基在《给教师的建议》一书中，提及"后进生"工作对老师的影响及如何对待"后进生"的问题时，说道："因为只要有儿童的地方，他们必然会存在各种智力差异，从而产生大家认为的'后进生'，总有那么一些学生，他们理解和记住教材所花的时间，要比大多数的普通学生多两三倍；头一天学过的东西，第二天就遗忘。这样的儿童我们可以暂时称之为'后进生'。"

有孩子的家庭，都希望自己的孩子是那个成绩优异、各方面都很优秀的孩子！为此，作为家长我们不惜花费大量时间和精力去教育孩子；一些孩子在这个过程中不断进步，很好地改变了自己；但也有一些孩子离期待渐行渐远。成为老师后，我们时时在关注优秀孩子身上的共同特质，同时也遗憾地发现，主要是家庭教育的差异导致孩子成为"后进生"。总有那么一类孩子，他们对待学习的热情还不足以使他们成绩优异。事实上，他们的成绩甚至是比较靠后的；家长或老师也在通过各种方式来提升这些孩子的成绩，依然收效甚微。要了解"后进生"孩子为什么在成绩上暂时处于落后的水平，我想结合身边一些优秀孩子的成长，对孩子成绩暂时处于"后进"阶段的家长们提出以下几点建议，希望能促进孩子的成长进步。

（1）学会用儿童的眼光看世界

a. 所有儿童都喜欢游戏

陈鹤琴在《家庭教育》一书中一开始就指出，儿童的天性是游戏，所以他们觉得最幸福的事情就是玩。作为家长，我们要想充分了解自己的孩子，那就要通过孩子玩耍的过程去发现。在他们最入迷的事情上，孩子表现出的天性往往就是他们的特质，如果能顺着孩子的特质去引导他们，相信每个孩子都能找到自己的兴趣点；而事实上更多的家长在看到孩子热衷于游戏时，往往会沉不住气，总是责备孩子沉迷游戏，耽误学习；其实，游戏的过程也是学习的过程（课堂辅助了大量的游戏来促使孩子多方位思考），我们最不应该持有的观点就是：孩子的学习必须是在课堂上进行的书本知识的学习！我们要明白：课后的孩子、玩耍中的孩子、生活中的孩子往往更能释放自己，应该注意孩子在这些方面的喜好，并去影响他们，这才是孩子最重要的课堂。

小作家 Z 是一位超级喜欢阅读的孩子，今年四年级的她阅读广泛，由于丰富的阅读积累，她写出来的文章文采飞扬，这也让认识她的人好生羡慕。如果你问她什么是她一直坚持并觉得不能放弃的，她会毫不犹豫地回答："漫画！"也许有人听到这个答案会很意外，事实上，她总是知道自己喜欢什么，并用自己的力量去创造条件做自己喜欢的事。我很欣赏这样的孩子，他们在这么小的年纪里就能认识自己，真是一件幸运而又幸福的事！

b. 孩子的评判标准只有对和错

作为成年人，想要教育好孩子，我们的言行必须要能影响孩子，当发现我们说的话在孩子这里不再发挥作用时，那才是危险的时候。我们离孩子的内心越来越远，孩子在每一阶段都会遇到难以解决的问题，如果他的求助对象不是家长，那必然是其他人，因为他需要倾诉。

"后进生"的家长往往觉得：孩子的成绩下降、磨蹭拖拉是由于孩子不努力，其实不尽如此。就如我们在赏能课堂上了解到的一些成绩暂时"后进"的同学所言："老师讲的内容我都会了，所以不想听""老师如果不提问我，我就不想学好这门课了""别的孩子都在玩，我写完学校作业还有其他作业等着我，我不想按时交作业"……从智力方面来讲，这些孩子在课堂上表现出的活跃度和思考力，有时甚至超越了那些好学生。单从这一点来讲，每个孩子成为"后进生"之前都是好学生。

作为孩子，他们接触的世界非常单纯简单，对待事物的态度往往是非此即彼，且很希望得到准确的答案。作为家长，如果我们一味地用成绩来评判孩子、甚至要求孩子，过不了多久，我们会发现：孩子身上已很难有激情，开始对作业，甚至生活的一切产生应付情绪，因为他们认为父母期望的就是自己成绩好，这点自己暂时做不到，也不想努力了。他们眼里非此即彼，认为父母最关注成绩，而自己成绩一般，很难再对其他事情怀有热情。这时候"后进生"家长切勿去激怒孩子，并不断伤害孩子自尊心，这时候最需要的是父母关注他们退步的原因，而不是一再责备孩子，孩子的心智都很单纯，当你花最大的精力关注孩子不擅长的地方时，他们只会认为自己不够好，也容易失去自信。

有段时间，我发现几个孩子总是无精打采，便问他们最想做什么？结果这几个孩子的答案出奇地相同，虽然他们未曾谋面，但他们一致希望：拥有属于自己的时间！作为父母，我们除了关心孩子的成绩进步外，他的学习态度、生活态度也值得我们关注。很多时候，孩子在学校面临的处境比我们想象的更艰难，他们需要有人关心他们的内心，我们应该学会倾听孩子，和孩子一起成长。大多优秀家长都特别有耐心，他们总是认真对待孩子的每个问题：在学校如何和人相处，如何交朋友……这些才是父母最关心的，而成绩应排在第二位，甚至更靠后。

（2）接纳孩子、成长自己

a. 成绩好并不能说明一切。

在以分数为导向的当下，让每一位家长不重视成绩是不现实的。尽管如此，我们依然要调整好心态，不做焦虑家长。和一些优秀的家长交流，常常被他们身上展现的善良和真诚感动，他们不仅爱自己的孩子，还更多地关注孩子的成长进步，任何所能想到的细微之处他们都会尽力去做。有一位小作家的家长在孩子上课时，总会告知孩子："你很优秀，但你身边的每个人都有值得你学习的地方，如果有人暂时需要帮助，那妈妈希望你是第一个能主动为别人考虑的人！"这个孩子的谦让和关爱让很多孩子喜欢他；他的成绩目前不是最好的，但我们没有理由相信优秀谦和的他，在以后的成长路上会不出色。

教育的目的就是启迪人的智慧，教我们怎样更好地认识社会，适应社会，并最终通过自己的努力服务社会。各行各业的优秀代表再次向我们证明成绩不能代表一切。如果孩子成绩暂时不够好，请记住我们在培养一个有担当的孩子：这个孩子有责任感、有爱心，他就是独一无二的自己！

b. 不断提升自我

接纳自己的孩子，说出来觉得有些突兀，但事实上还是有大量家长对孩子极尽苛责，认为孩子在各方面都不行，总是拿别人家的孩子和自己的孩子比较。每每看到这样的家长，我总是忍不住想告诉他，每个孩子不一样，我们需要做的是发现自己孩子的特点，但还是有很多家长在打击孩子的自信心和积极性。一些父母甚至公开告诉我们，他的孩子没什么优点，现在成绩还这么不好，都不知道该怎样欣赏他了，言语间满是对孩子的责备与不满。不能接纳孩子的家长，他们的孩子往往在班级里都是"后进生"。家长在教育孩子上往往比较主观，他们认为自己很有一套，孩子不听话就进行不恰当的言语教育，甚至打骂，殊不知连自己都不接纳自己的孩子，还怎么奢望别人去欣赏你们的孩子呢？过于挑剔会使一个人变得更加狭隘，我们的孩子需要的不是挑剔，他们需要来自父母真正的关注，是没有附加条件的爱。

越有智慧的家长越容易认识到自身的问题，他们总是在自己身上找原因，并不断改变自己，自我批判这种能力是在自己相当强大之后才具备的。作为赏能的老师，我们非常期望家长们在进入赏能后能对自己有一个正确的评价，能够不断提升自己，因为每个人在每一阶段都需要不断学习新的知识。作为家长。如何做好父母更是一项艰巨的工作，没有人可以不通过任何学习就能成为优秀家长。同样，当父母自身越来越优秀时，我们才更有能力去帮助孩子协调生活和学习中的问题。

很多时候，我们总有这样的感慨：一些事情只要处理得当，完全可以朝着更好的方向发展，但因为当时过于情绪化，我们并没有很好地处理事情，给孩子和自身都带来了一些负面的影响。相反，不断成长进步会让我们更有同理心，更容易去换位思考，沟通起来自然更容易达成共识。孩子需要的是有智慧的父母，能和他们一起成长的父母。

教育的基础是信任。当我们给孩子足够的信任、足够的爱时，没有哪个孩子不想变得优秀。当作为孩子"第一任老师"的家长都在怀疑自己的孩子时，我们凭什么保证老师和学校一定能教育好孩子？大多数家长常常会提到，孩子现在除了玩游戏，对任何事都没兴趣，他们现在只知道要好玩的东西。儿童的兴趣爱好很大程度上跟父母有直接关系。有的孩子喜欢阅读，因为他的家庭氛围里有阅读；有的孩子喜欢运动，因为他身边有人热爱运动；有的孩子只对电脑游戏感兴趣，因为他很难在别的事情上投入时间和精力，要知道兴趣跟投入一直是成正比的，投入越多，兴趣自然越浓厚。但更多家长喜欢以自己的价值取向去评判孩子的兴趣爱好，凡是自己认为不重要的都觉得孩子是在浪费时间，总是喜欢过多地干涉孩子。

在提升自我的过程中，我们会更理性地看待孩子，更平等地和孩子交流，从而认识到孩子的特点。与此同时，我们的孩子也会拥有一些属于自己的时间和空间。适当放手，给孩子一些自由支配的时间，他们需要自己去思考，不断进行自我教育。教会孩子用自由时间去做最让他们

静待花开

人迷的事，因为这些事既能发展他们的思维、丰富他们的知识和技能，又让他们感受到童年乐趣。家长和教师都有责任花时间和精力去发现孩子的潜能：一些父母常常会说，我的孩子根本就没什么优点，而事实是这个孩子的体育非常出色；我们应该让学生明白，学生的第一爱好就应当是喜爱读书，且这种爱好应当终身保持下去。

（3）正确评价我们的孩子

a. 大多数家长对孩子评价较低

接触过许多家长后，我们发现一些家长对孩子评价较低，导致孩子很难从根本上树立信心。赏能在课堂上给孩子树立的信心有时就会被父母不经意的一句话完全抹杀。作为家长，不管我们拥有一个怎样的孩子，我们都应该正确评价自己的孩子；很多父母对孩子要求极高，以致孩子成长中出现一些小的问题，他们会觉得孩子不够好，而事实上孩子非常优秀，看看那些赏能的优秀牛娃们，他们每个人都是真实地做自己：有的率真可爱、有的谦虚低调、有的古灵精怪，没有人是完全一样的！同样，没有一个孩子是完美的，我们没有必要要求孩子是那个极尽完美的人，因为是个性使人拥有特别魅力！希望更多的家长能够从孩子的优点出发，正确评价孩子，让他们对自己充满信心。

过低评价除了导致孩子容易怀疑自己外，从父母那里得到较少肯定的大多数孩子，性格上往往也会发生一些显著变化，他们不太愿意在公开场合表达自己的观点，不愿意主动参与到任何他们认为有竞争的活动中，哪怕是班级竞选班干部都会让他们后退；一些孩子很有实力胜任一些工作，但他们总担心自己做不好，或者达不到自己预期的目标；如果长期接受较低的评价，并且让孩子对自我的认可更多建立在他人的评价基础上，他很难自我认可。

b. 过高评价导致孩子的畏难情绪

也有少数家长对孩子极尽宠爱，让孩子没有基本的规则意识，甚至自我意识过强，很难接受他人的建议。很多时候看到这样的孩子，心中难免觉得惋惜。每个孩子一生都不可能是一帆风顺的，所有孩子都需要正确看待外界评价，孩子被保护得过好，只会使这个孩子更容易产生不良情绪，很难拥有公众意识。

这些自我意识极强的孩子，很多时候发现他们常常拥有一颗玻璃心，容易情绪化，且情绪一旦上来，他们的表现就会跟之前相差很大。对这样的孩子，我们需要花更多的时间去关注他们的内心，他们很容易获得满足感，但也最容易产生畏难情绪，一遇到困难和挫折就容易放弃。在赏能老师看来，最有魅力的孩子不是那些成绩多好的孩子，他首先得是一个有规则意识的孩子，善良正直，能热情主动地帮助他人，这样的孩子让我们感受到了教育的意义，也让我们感受到了老师这份工作的价值。因此，当有人跟你提到孩子还需要做哪些时，我们应该感到幸运，因为有更多的人在帮助孩子成长为更好的人。

比起孩子的健康成长，其他一切都是小事。在如此多元化的社会，如何培养一个身心健康的孩子，这已经是一个难题。只要我们的孩子懂得感恩、懂得分享，并愿意不断上进；只要他是热爱生活的，我们确信他就是一个优秀的孩子。

"后进生"只是一个暂时的词，不要被它打败，坚定自己的立场，所有的孩子都将找到属于自己的天空。

13. "小便宜"思维正把孩子拉向平庸

贤二师傅如是说："要死了期待被别人表扬的心，要死了害怕被别人批评的心。"

当下正流行这样一个观点，不要跟三观不正的人交往。

怎样才算三观健康？在今天这个多元文化融合的时代，其实已经很难有统一的标准了。但有一点是肯定的，积极向上的价值观能让一个人生活得更阳光，对自我价值也能认识得更深刻一些。尽管如此，因为每个人的立场不同，很多事情我们不便评论。在众多让人难以接受的存在面前，有些举动实在让人难以认同，这些看似微小的举动正在一步步把孩子推向平庸，透过课堂中孩子的言行举止算是找到了一些蛛丝马迹，我们也再次看到了原生家庭对孩子的巨大影响。

仔细想来，那些不怎么可爱的孩子都是被这些小便宜影响了：

（1）反正有便宜，不占白不占

每年的寒暑假，为了感谢朋友们的支持信任，我们会开设一些优惠的课程。但也往往在这时候，家庭教育的差异让人深思。由于自强班需要住宿，为了给家长们提供最优惠的价格，便提前通知所有家长：如需转到自强班就要赶在六月底前，六月之后优惠价格就结束了。结果还是会有人在七月中旬跑来问，为什么学费不一样了？问也就罢了，不管你怎样解释，还要求必须要给自己和之前别人报名的价格一样，比如和酒店的协议已经签过了，七月是酒店的黄金季节，之前的价格已经没办法再延续了。我们一直以培养孩子的规则意识和契约意识为豪，每当遇到这样的家长朋友时，真为孩子捏一把汗。

再比如，今年特训班开班时，有位家长可能比较忙，没看到群里发的通知，也没认真看公布的简章的食宿说明：自强班含食宿，特训班中午可回家吃饭，如有需要我们也可代订午餐。他想了解孩子午餐的事情，便在群里直接问："你们这个课是七天全天，中午肯定是包含午餐吧，不然孩子没人管。"老师解释说可以让孩子回家吃饭，或者帮忙代订，他又来一句："你们要全天上课，就应该解决午餐啊。"片刻后看无人回应他竟然自己补充说："就是订午餐也应该你们来订。"我们有位小作家的家长调侃式留言说："这孩子可能不是亲生的。大多数家长会担心孩子能不能吃得营养健康，这位家长关注的是孩子交给别人，又可以省去麻烦了。"

有些占小便宜的行为看似无伤大雅，但体现出一个人的修养。

（2）自己开心就好

贤二师傅说："多看他人的长处，常思自己的不足，则开万善之门，懂得体会他人的付出，常怀感恩之心，则是快乐之源。"每次看到那种只顾自己开心，全然忽略身边人的孩子时，真为这个孩子感到可惜。

有一次，看到一个男孩提着一袋水果在教室吃，边吃边把果皮随意丢在桌子上，看老师进来了他赶紧把水果放在一个隐蔽地方。如果没有这个动作，我们一定会提醒孩子跟别人分享水果，但他显然已经习惯这样做了。

那天，这个孩子回家时还提着自己吃剩的一半水果，真性情的孩子们也许下次自己有什么东西也不愿意和他分享了。这个孩子和孩子妈妈可能永远不知道他们失去了什么，不知道孩子在未来的道路上会失掉多少人的帮助，不知道这些小举动让孩子的未来之路艰难了多少。

任何人当然可以自由支配自己的东西，不过这是在属于你自己的空间里。在这个男孩吃东西的教室里，那些平日一直大大方方给他分享食物及其他东西的孩子也在，但他显然只有接受别人的分享而没有分享给他人的意识，孩子的妈妈显然也缺乏这个意识。赏能小作家课上，我们不希望一个孩子眼睛里看不到别人，尤其是接受过很多人的热心帮助后，更不允许自私。了解赏能的朋友肯定都知道孩子们每学期有不少机会可以一起吃生日蛋糕，有爱的孩子们总是愿意分享自己的甜蜜。

暑假同时段会有许多孩子一起享用午餐，这个时候能近距离地看到孩子之间平日不易看到的差距，老师和孩子一起就餐，其实也是赏能的教学课堂。如果没有人提醒，有的孩子特别想拿两瓶饮料；要是不进行合理的资源配置，部分刚来的小孩可能还会给自己多藏一份饭，他们觉得自己喜欢就可以多拿，根本不管总数少了一份会让其他人没有午餐吃。

联系到家庭生活中，一些孩子看到自己喜欢的东西只想着占有，不大考虑别人也同样需要，当他身处群体中时，很容易以自我为中心，放不下自己，总是不高兴，烦恼多了，连性情都变了。

生活中，当父母能培养孩子的同理心时，这个孩子的情商才真正萌芽。所以，即使你身边有一些轻而易举就能占到的"小便宜"，也不要去触碰它。

（3）我家孩子很金贵

因为每个孩子都很珍贵，所以每个孩子都不金贵。

针对教学中反映出的问题，赏能开创了促进孩子自我成长的自强班。开课前夕，总能听到一些家长朋友在群里嘘寒问暖："我家孩子晚上要有人照顾的，不然他会蹬被子；我家孩子不喜欢吃辣的，要注意他的饮食；我家孩子的衣服不用自己洗，等结束后带回家洗等。"因为是自强班，开班要求在帖子里说得很明确：锻炼孩子的自主意识、自立自强！但个别家长的要求让人为难：自强班就是让孩子放下平日以他们为中心的家庭环境，适应群体环境。家长朋友们存在困惑我们都能理解，但这对孩子的成长非常不利。每个人的人生都无法假手于人，我们希望孩子能够在遇到问题时自己想办法解决，这才是自立。

大多数朋友们非常有大局观，不管任何情况都遵守集体约定，不刻意不强求，舍得放开孩子，相信孩子，给他们一次锻炼机会，自然，孩子的适应能力和悦纳他人的能力都得到显著提升。

有的孩子在家长的呵护下，已经变成了一只温顺的小绵羊，他们时时要向父母汇报近况，小孩都喜欢各种打报告，这是孩子的天性。可是几次我无意中听到几个孩子每次说的都是今天谁把自己的笔借走了没还，晚上吃饭时菜太辣了，自己吃得少了，还有的说自己住宿的宾馆房间比别人的小。总体来讲都是自己受委屈的事，父母听了很心疼，继续鼓动孩子："有什么情况你随时告诉我，我去找老师说。"一次次的过度保护，让这些孩子渐渐泯灭了自主意识，消极和被动的种子已经埋在心底，这些孩子总是看别人不顺眼或者总觉得自己受到了伤害。

每个金贵孩子的背后大都站着一位常常苛责他人的家长。同样，这样金贵的孩子都是弱不禁风的。他们脆弱敏感、争强好胜的同时又害怕挑战自我。利己的心态，让孩子的格局变得越来越小。心小了，烦恼也就多了。通过这几年的观察，我发现每一个金贵的孩子身体素质都一般，天气不好就生病，心情不好就生病，精神状态也不够好。

说到底，哪个孩子是不金贵的？没有人不爱自己的孩子，但明理的家长知道，爱孩子就应该让孩子去感受生活中的各种滋味。温室里的花是很漂亮，可是脱离了温室，在暴风雨面前它们会被连根拔起；相反，路边的野草小树，虽然遭受着风吹雨打，却也能得到阳光的滋润，反而显得一片生机。从人类进化论的角度来看，得到特别关照的往往是弱者，也只有弱者才需要被特别关注。

作为父母应努力让自己站得高一些，看得更远一些。有时候，当我们面对自己的无知时，最常做的就是拽住孩子的脚步，用自己狭隘的视野去桎梏孩子的思维，极少数幸运的、有自己想法的孩子还能挣脱出来，但更多的孩子在年幼的时候就被灌输了利己思维，早已放弃了主动去为别人着想。长久下来，孩子的思维也变成了愈加狭隘。

一个人的成长成才有诸多因素，但健康向上的价值观必不可少。所谓"向内用功是解脱，向外追逐是苦海"，行事多些洒脱，格局才能大起来。

14. 童年的被忽视将伴随孩子一生

一年级的时候，姐姐有一双很漂亮的蓝色雨鞋，我很羡慕，就缠着要妈妈买，妈妈说等上了二年级想要什么样的都买，我便屁颠屁颠地忙前忙后，只为了留下勤快的好印象！很快就到了二年级，结果姐姐的那双雨鞋像丢手绢一样到了我面前，因为姐姐嫌小不穿了，只能轮到我穿了，妈妈也想着刚好节约了，所以就不给我买了。当时的我心都快碎了，期望落空的滋味无法言表。从此，下雨的日子我硬是不穿雨鞋，而且能穿白鞋绝不穿深色鞋，就是要把鞋搞得脏脏的，好让妈妈来洗。直到现在，只要想起雨鞋这件事，心里还是能感到当时的失落。

上初中那会儿，特别流行牛仔上衣，班上好几个女生都有了，邻居家的好朋友竟然也穿了一件，我便想着让妈妈也给我买一件，结果妈妈却说我的衣服够穿，要是喜欢牛仔衣，可以在拍照时问别人借。后来，我的第一张身份证照就是穿着好朋友的牛仔衣拍的。当然，牛仔衣给我带来的记忆也不亚于雨鞋。青春期的女孩骄傲、敏感，一丝一毫的拒绝在她们眼里都会成为一道伤口。从那时起，我便讨厌穿牛仔的一切。

时隔多年，每当想起这两样东西时，心里总是有种被忽视的感觉。不过好在我内心知道，家人很爱我，他们无声无息的爱，滋润了我整个童年。

随着年岁的增长，我慢慢地懂得了大爱无痕。

三年级的时候，学校里要组织"六一"儿童节表演，我既要打腰鼓还要跳舞，学校统一给我们租借了漂亮套裙，表演完后，妈妈要帮人家把裙子洗干净。妈妈洗衣服时，我就在她旁边踢毽子，没想到妈妈突然说，"你穿那个裙子真好看，回头问问老师在哪里买的，我给你也买一套"。当时我简直不相信自己的耳朵，我自小就喜欢主动争取东西，看到什么总喜欢咋咋呼呼地要，这一次我妈竟然主动表示要给我买，当时直接跑去亲了她好几下。后面裙子到底有没有买我已经忘了，妈妈毫无痕迹地流露出了对我的爱，到现在一想起这事就有种幸福的感觉。很多时候，我们不是要得到什么，只是想让父母知道我们渴望得到他们的关注，尽管少不了打打骂骂，但长辈那种发自真心、没有任何条件的爱最珍贵。

成为老师后，也常常能从孩子的嘴里了解到他们对自己父母的评价，有的孩子对自己的爸妈特别崇拜，觉得爸妈简直无所不能，这样的孩子性情也很开朗，乐观豁达的他们就像温暖的小太阳。

还有一些孩子眼神里总是藏着几分落寞，他们不太喜欢和别人分享东西，不太敢主动争取自己喜欢的，甚至有些还是暴脾气，父亲节刚刚过去，我借此机会让大家好好地说说自己的爸爸。

老师们给了孩子们一个特别的任务，下周上课时要分享自己给父亲准备的礼物，不管是任何形式的礼物都需要分享，咱们要看看谁是更懂父亲的人。

最让人印象深刻的是，有时候父亲跟自己想象的完全不同。自己精心准备了礼物，结果爸爸只是轻描淡写地说："放那吧，以后把精力用在学习上。"小孩最不愿意听到爸爸说这样的话；还有些爸爸让孩子崩溃，孩子满心欢喜地准备了礼物，结果爸爸竟然说不要浪费钱买这些东西，最崩溃的是还有神补刀的一句："我的钱也不能这么浪费啊。"孩子满心委屈，拿自己好不容易积攒的零花钱准备的礼物，还被说成这样，心想以后再也不准备礼物了，心碎了一地。

当然最让小孩高兴的是，爸爸在收到礼物的瞬间开心地笑了，并乐呵呵地夸奖孩子还记得给自己准备礼物，这个孩子就更高兴地期待着下次的节日了，生活里的幸福感就是靠一些仪式感来体现的。对孩子来讲，他们觉得自己可以对父母做点什么，哪怕只是用简单的画笔画了一幅画，做了一张贺卡，但内心的成就感是其他任何东西不能相比的；对成人来讲，陪伴之所以显得如此柔情，往往就是放学后那一个个可爱的身影靠近你时的义无反顾，每个人都期待被需要，孩子对父母的那种无条件信任，让我们感受到了另一种充实的美好。

当然，在做这次分享的时候，我们还特别准备了一张表，让孩子写出自己最期待父母给自己什么，最终的结果让人吃惊，我们原以为小孩会想要一份期待已久的玩具或者一次长途旅行，但最后他们实际最期待的是父母对自己说"你可以，你一定行"。甚至连平时那些对学习不怎么有期待的孩子，他们最期待父母对自己说："相信你一定可以做到你满意的程度。"这又解释了为什么小孩在自己的礼物遭到轻视，甚至是忽略的时候，为什么如此生气了，他们生气的不是他们用心准备的礼物被冷漠了，而是自己的感受被忽视了。

每个人都有自己看重的东西，当你不知道背后的故事时，可能会对别人的行为感到不解甚至不屑，但任何人都有权通过自己的方式表达感情。

对千千万万的儿童来讲，他们的世界里没有一件小事，尤其是成人以为的芝麻绿豆的小事，在他们眼里可能是"惊天动地"的大事。孩子的愿望非常纯粹，也许只是一个肯定的眼神就能让他们开心一段时间了。

在我们刚要对孩子开口说"你不要这样，应该怎样"时，可以忍住先听听孩子的想法，没准他考虑得比我们更全面呢！

第二部分：对家长说的话

15. 孩子情商低是大人一手造成的

有人一说话就让人感觉舒畅，也有人还没开口，只要他一出现，那种低压的气场已经让身边的人感到不自在了。情绪是会传染的，当我们跟情商不高的人相处时，几句话就能让原本愉快的氛围变得沉闷，但他们往往还不自知，继续无所顾忌地展现着自己认为的"真性情"，情商低的人都有哪些共性呢？

（1）总不忘多补上那么一句伤人的话

市中心有个较大的停车场，由于位置好，不少人都选择在那里停放车辆。那边停车场的收费标准是早上八点到晚上八点为十二元，如果早上早于八点来要额外多收六元，如果晚上晚于八点也要多收六元，超过了这两个时段，那这一天的停车费就是二十四元，这种费用在市中心算是很优惠的了，但偏偏有人让不少司机堵心。

一天下雨，前面几辆车一直出得很慢，本来有几辆都是可以在八点前出去的，但由于天气不好，收费的师傅又磨磨蹭蹭，最终导致好几位司机都多花了六元。朋友将车开出来时刚好为八点零二分，收费的保安坚持要多收六元，朋友建议保安师傅可以少收六元，毕竟常常停车，有时候其他保安看到在八点左右过来的车都收一样的停车费。结果他说不行，原本是我们超出了两分钟本来多交也没关系的，可是他找零后补了一句："每天停车的人多了！"言外之意是多一辆没什么，我估计很多人听到这句话后就不会再想在这里停车了。

（2）喜欢占各种各样的便宜

活在自己圈子里的人以为所有的圈子都跟他所处的圈子是一样的。几年前我去驾校练习科目三模拟考试，需要交费练习，由于去之前不清楚只能付现金，没带现金的我便找人来帮忙。这时候一位看起来很精明的男士主动跑来问我："是不是没带现金？在这个地方是找不到现金的，谁愿意无偿给人借现金，如果你要借两百五十元的话，就给我多转二十元。"我愣住了，不就是一件很简单的事吗？现在是移动互联网时代，出门很少带现金，这些人怎么想的，我没有理他，就去问别人借，但他一直跟着我说这里没有人愿意主动白借给别人；随后，跟他一起的几个朋友也跑来说可以给我转账，不过只需要多转十五元就可以了。他们表面上是朋友，背地里一个抢一个的"生意"。

我当下有些感慨，职业无贵贱，人品最关键。当你做任何一件举手之劳的小事都要求有偿服务时，你眼中的人际关系都是利用，这样有什么快乐可言呢？那些正直有良知的人做任何事都会尽量帮助别人，成全别人。对驾校门口的这群人来讲，做任何事都是要有回报的，否则就不做，与他们交往的人也是这样的，久而久之就形成了这样的圈子，并且别人是怎么样的他们也不管，或者一厢情愿地认为别人和自己都是一样的。你不愿意成全别人，别人也很难成全你，你总是在吸引着跟你相同类型的人。当然，最后我肯定遇到了好心人帮我直接交了现金，我给他网上转账了。

（3）处处表现得比别人精明

有些人总喜欢耍聪明，以为别人都不如自己。

创业初期，每个企业都是需要资金的，有的投资者一来就问能保证自己多少收益，什么时候分红，还有人直接要求他的钱是不能少的。这就是成年人说的话，任何风险都不想承担，只想要收益。

这种思维方式也延续到了孩子身上，孩子表现的处处比别人精明，看到同学有好吃的马上就去跟人家玩，看到别人有什么恨不得立马想据为己有，而他们的爸妈还很自豪，觉得自己的孩子聪明着呢！有些孩子知道怎样乖巧地得到父母的夸奖，哪怕是在说谎，他们也在所不惜。

还有一些成人，总喜欢质疑自己的孩子，当老师告诉他孩子最近表现很不错时，他说一句，"是的，可能是年龄长大了，自己懂事了"；当老师激动地分享孩子写了一篇好文章时，有些大人会说，"是他写的吗？怎么在家里不是这个样子"；当你夸奖孩子阳光时，有些大人会说，"他就是喜欢表现自己，没什么真本事"。我不知道孩子怎样想，作为旁听者听到这种话时难免添堵，当事人的心理阴影面积该是多大，其实成人不知道，每一次对孩子的质疑都是对自己的否定。

情商太低也影响了孩子的价值取向，孩子在以后的人生道路上充满了困难，缺乏同情心、缺乏爱心都可能让一个孩子失去快乐。

所有美的东西总能引起人的共鸣，甚至过了几个世纪那些永恒的东西还能与后世的人们产生精神共鸣，在爱的世界我们看到的是成全，是对别人生命的关怀体贴。不要做一个情商很低的人。

16. 用心做事，把一切交给时间

从时间的维度来讲，我们每个人做的每一样工作，其实都是微不足道的。可是日复一日的坚持，让我们对自己的工作有了归属感和责任感，渐渐从工作中找到了生活的尊严与意义。就是这样一份份有尊严的工作，最终在人类历史上留下重要的一笔，成为后人的财富。今天，坚持这种品质显得弥足珍贵，能守住自己内心的一方净土的人，都是个人修为极高的人。

怎样的人能够经受住时间的考验，最终成为社会的中流砥柱？最近看"一带一路"会场的设计师刘方磊在《开讲啦》的演讲后，答案在我的心里渐渐清晰起来。

他年轻有为，在他设计的作品里，总能感受到天人合一的浑然，那些顶尖的设计作品背后，更多的是他对自然和文化的敬畏。每到一个地方，他会先去了解当地的文化，并最大限度地将自己的建筑融入进去，他说建筑是伟大的历史，通过恢宏的建筑让人感受到生命的渺小，建筑师首先应该敬畏天地。

因此，当现场有位设计师拿出自己对未来城市居住生态的构想时，他说了一些话："未来是一个大象无形的时代，不是我们所能想象出来的形，科技的发展远远超过了我们的想象，像量子力学、宏观相对论，连顶尖物理学家都难以预测未来，要有敬畏心，尊重天地，要一点一点的，时间轴很长，我们每个人都是时间里的一个节点，后人更多的要做好一种接力工作，不要把自己看得太高。"说这一席话的时候，许多人都陷入了沉思，大师之所以能成为大师，更多的是因为在他们身上我们看到了民族文化的强大生命力。

敬畏让我们对身边的事物产生基本的尊重，每天我们都在与生活的环境发生着微妙的关系，有的人总能感受到人与人之间的美好，自然自己也变得更加豁达；但仍然有不少人，他们怀疑自己、怀疑他人，与人交往时首先考虑的是自己的利益有没有受损，所以，他们每天都在担惊受怕和焦虑不安中度过。也因为这种心态，他们的处世方式相当固执，

静待花开

害怕失败而不去尝试，凡事没有尽全力却总在抱怨结果不尽人意，跟这样的人共事，你会发现相当耗费心力，他们总能找到各种理由去推诿。

由于工作的关系，我们能接触到不同行业的家长。坦白来讲，每个行业其实都有各自的局限性，但也正因如此才能让我们更好地认识自己。我们发现，在大学工作的人思想上相对保守一些，但他们有自己的底线，不人云亦云，有自己的原则，一旦认准的事，是轻易不会改变的；经营企业的人或者在企业处于高层的管理者，他们的思维更为发散，也更包容，尤其是执行力强，做事不拖沓；相对来讲，从事理工科工作的人，他们虽不善于主动和人交流，但做事很有毅力，他们的孩子也往往有一种坚毅的品质，但这些家庭里的孩子是不太善于主动沟通的；而各行业从事一线工作的人，更能对他人的工作产生同理心，他们更为谦和，对人对事比较有耐心。在和家长交流中，有些家长会流露出对自己的不自信，尽管他在自己的行业内专业能力强，但他还是会认为跟有学历的父母相比，自己在教育孩子上没有优势，其实不然。并不是高学历者就是懂教育的，相反我们总能看到有些高学历的父母时时嫌弃自己的孩子不够聪明，比不上自己，从而导致孩子的自信心急剧下降。可以肯定的是，大多数情况下，除去天资禀赋的不同外，优秀孩子身上的共性是如此相同，他们善良真诚、有好奇心、学习能力强。

一个人能走得多远，达到怎样的高度，跟工作性质本身是没有直接关系的。那些能走得更远的人，往往是因为他们更明确自己喜欢什么，从而投入了时间在自己喜欢的事情上，当然，这种时间是最有效的，因为他们投入了感情。显然，如果我们对工作能怀有敬畏心，不断去提升自己的工作能力，让自己的服务更专业，注意细节，在时间的检验下，最终会成为中流砥柱。

站在一山难免总会仰望山的另一边。生活中也是一样，我们羡慕一些人的工作体面有尊严，但只有自己知道，成为行业的领军人物绝对不是一朝一夕能做到的，要耐得住寂寞，愿意静下心来去学习。我们愿意仰望的是别人经历了多少努力才达到的水平，而根本不愿意关注那些背后日复一日的坚持。

某次售书时，我们把部分书籍存在地铁员工的工作室。说实话，平时看着地铁的工作人员感觉也挺幸福的，可等我们去真正深入到他们的工作环境时，却发现和我们想象的并不一样。地下三层的工作环境里并不明亮，空气也没有我们呼吸的那么畅快，这份工作见不到太阳呀！这是我当时最大的感慨，而他们许多人要在这样的环境下工作一辈子。

又想起了两年前见到的两位高中同学，他们是高速公路收费员，由于高速公路收费口是不设置卫生间的，需要走上很远的路程才能去上个卫生间，为了不跑那么远的路，他们都是不怎么喝水的。听起来是无法想象的，但我想这只是大多数工作中的一种，有许多工作需要付出的难度和毅力是我们不能想象的（现在不知道是否设置了）。

小时候有段时间，我的梦想是将来要做一名记者，只是因为看到电视上那些既漂亮又能说会道的记者可以去各种地方。毕业后自己的第一份工作就在报社，做了一次外景编辑之后才发现光那么重的摄像机就不适合我扛，更别说要非常早地去赶车，回来还得写稿子。当然报社的工作还是有很多乐趣的，不过我坚持了只有半年的时间。因为这跟我想象的完全不一样。刚刚毕业觉得工作怎么是这样的，现在想来，要是工作几年再进报社可能会坚持得更久吧，因为每件工作要做好，某种程度上付出的努力是相等的。许多工作我们只是看到了表面，当心态更为成熟时，对工作的忠诚度会大大提升，而在这份坚持下，工作会带给我们成就感，随着专业能力的提升，我们开始对工作产生一种游刃有余的感觉，工作的兴趣日益浓厚。

再不要贬低从事体力劳动的劳动者了，他们都很辛苦。如果我们只以职业贵贱来区分他们的话，那对他们本身高贵的灵魂就是一种不尊重。每一份工作都是需要人去从事的，都是需要付出汗水才能做到极致的。只有将这种理念贯穿到生活中的每个细节时，我们才能对我们周边的人产生一种敬畏心，才能真正热爱起自己从事的工作，并善待身边的人。

许多不快乐就是源于我们要的太多，当我们想要获得他人的认可又不愿承受一些负重时，矛盾和焦虑便会袭上心头，泰山之所以有"一览众山小"的气概是因为它经历了时间的检验，见证了世事的沧桑变化。

所以在生活中，我们时常没有方向感、不知道要往哪里努力，其实更多的是因为我们没有敬畏之心了，内心的尊严已经严重受挫。这从很多年轻人对工作的态度中就能体现出来。一个人的容颜往往是一个人精神面貌的投影，那些甘之如饴享受阅读的人，他们在意的是一种自我的提升。但还有许多人见不得自己的寂寞，做任何事情巴不得所有人都能知道。其实没有对错，成长路上的年轻人谁又没有面对过孤独呢？我们今天见到的每一位成功者谁不是一步步从那孤独走向成熟呢？但是人和人之间的差别就体现在这些细节上，有的人只想摘取那树冠的果实，他们不愿意去关注树枝的成长，颓然等待捷径的出现。那些站得更高的人，他们珍惜每一个过程，看重每一步成长。

那些最终有所成就的人，都明白"千里之行，始于足下""九层之塔，起于垒土"，他们把时间花在最琐碎的事情上，在日复一日的坚持中，内心获得了宁静，并拥有了一颗平常心。高手一般都是淡泊名利的，他们的精神世界已经达到了一定的高度，看到了一般人看不到的美景。

未来之所以让人心向往之，不是因为我们预见到了即将绽放的玫瑰，恰恰是因为某种未知，那种披荆斩棘的探险让人一次次突破局限。所以不要妄图去规划未来，尤其是给孩子设定一个你认为幸福的生活，千姿百态的存在是我们活过的明证，也让生命变得更加鲜活。

世界一直这么大，不过每个人认识的世界却不尽相同，越是去认识世界，我们才能更好地去尊重生活，敬畏生活。越是敬畏、尊重身边的生活，我们便能感受到身边的美好。即使一直在幕后，我们依然可以选择展现自己的风采。坚守自己经历的每件事情，在我们能力范围内提升到最好。最后，时间会给我们满意的答复。所有的好东西都是需要时间来评判的。用心生活，把一切交给时间。

第三部分

对教育者说的话

教师无意间的一句话,可以造就一个天才,也可以毁灭一个天才。

——苏霍姆林斯基

1. 拥有可爱孩子的老师和家长是幸福的

不管我们是什么身份，什么职业，相信我们在接触孩子的那一瞬间都会被孩子身上展现的美好所触动！拥有一个可爱的、让大家都愿意疼爱的孩子是每个家庭的幸福。作为一名教师，当我们一直疼爱着身边那么多可爱的孩子时，我们也心痛地发现，有的孩子正在逐渐变得不那么"可爱"了。

开学第一课，很多孩子已经迫不及待地要来赏能上课了，这里除了有他们觉得轻松的学习环境外，其实更多的是因为孩子们之间已经彼此建立了纯洁的友谊，他们觉得赏能的同学是最好的同学、最有爱的同学。每每这个时候，我心里便充满了荣誉感。是的，培养一个可爱的孩子太有意义了，把一个还不那么可爱的孩子培养成可爱的孩子，这个过程太有价值了！

怎样的孩子才算是可爱的？有人会觉得长得萌萌的、爱笑，嘴甜也许就是一个可爱孩子的全部，我们也的确见过这样可爱的孩子。但大多数的孩子，他们的眼睛也许很小、皮肤也许不白、甚至讲话有点口吃，但老师们觉得他们就是最可爱的孩子，他们的眼睛里仿佛永远闪耀着一股清泉，能把我们所有的烦恼洗净，看到那一双双干净明亮的眼睛，我的心里总会高呼：这真是可爱的孩子啊！

S 是一位四年级的同学，他的眼睛很大，认真听你讲话的时候，那双眼睛像清澈的水晶一般透着光亮，好几次他提出的问题都让同伴们一头雾水。有一次上课，我告诉大家，下节课要彼此交换作品，小作家中的精华文章咱们要重点推荐，结果他马上用无辜的小眼神望着我说："金华，我知道，有个金华火腿。"当下孩子们都大笑。千万别以为他是故意这样的，其实不是的，他是真不知道我们所说的"精华"。

如果你以为他是一位十足的"后进生"，那就大错特错了。他有自己擅长的科目，比如说语文，他有时考班级前几名，平时反应很快，生活能力很强，看到哪个同学需要帮助，他总会第一个伸出援手，他帮助同伴的时候，真的是冲上去的。写到这儿，我的内心还在不断赞美他，他真的是一个超级可爱的孩子啊！永远那么单纯，活在自己友爱善良的世界里。跟这样的孩子在一起，有一种回到童年的感觉。

虽然这个孩子目前还不是最优秀的赏能小作家，某些方面甚至暂时落后于其他同学，但我们依然相信这个孩子的将来一定是美好的，他的率真与热情，会让他的生活充满阳光。学习成绩对一个人非常重要，但对部分心智发展比较晚的同学来讲，如果我们一概从学习成绩来评判他，这对他就是一种很大的伤害。在赏能课堂上，我们一直在强调一种合作和帮助的学习模式，让孩子将需要主动说出来，也让孩子展现自己的弱势，大家一起帮助他进步，所以，大家对这位同学是非常友善的。

S 是那种需要了解后才会发现特别可爱的孩子，如果老师的耐心不够，这样的孩子我们也就错过了。但相信下面提到的这种孩子，大家一看见就会觉得他是特别可爱的孩子。

L 是一位三年级同学，他皮肤白皙，第一次跟你见面说不定会害羞呢！但只要他一开始说话，你会不由自主停下来想听他讲话。他是大家公认的学霸，学习好是因为学习习惯好，我们也见了许多学习好的孩子，但这个孩子的可爱却是一般孩子所不能比的。

有一次班里来了一位新同学，哭泣个不停，只因不敢上台演讲，L 同学看到了，他问老师自己能不能私下跟那个同学说句话，我就饶有兴致地让他公开说出来。他却悄悄对我说："公开说的话，那位同学的自尊心会受损。"瞧！多细心的孩子！总是在为他人着想，这种设身处地有时候连老师也想不到。如果说他只是愿意帮助同学，那他最多是个热情的孩子，这个孩子身上随时随地展现着他的古灵精怪。有时候，你问他一个答案，他会说这是个秘密，甚至画好秘密图让你填写。总之他的生活里的每件事都是重要的，他的态度都是认真的，是足够可爱吧！

遇到同学不好的行为，他有时会主动跑上去说，语气非常真诚，但那位同学有可能平时并没有基本的规则意识，他会对 L 的劝告置之不理。这时候，可爱的 L 会独自一人流泪呢！要说起这个孩子的可爱之处，我有太多的故事想跟大家分享，因为他实在是难得一见的可爱学生。每个老师遇到这样的学生都会是一种幸福，我也不例外，他是我见过的敏感细腻但却无比坚强的人，他的内心非常强大，这得益于父母的言传身教。L 的父母本身非常优秀，是众多优秀父母中的代表，他们谦虚低调，教会 L 平等地看待每个人。

在这个孩子的眼里，没有歧视，他成绩很好，对每个同学都很友善，甚至有时候还担心交到的朋友对他是不是不满意呢！他是那样谦虚，总是在学习别人身上的优点，在他这里我才发现原来一个孩子的世界可以如此纯净，我们被他美好的品德深深震撼了。

其实每个孩子生下来都是可爱的，没有见过哪个婴儿是不可爱的！后天的教育为什么使孩子在短短的几年里发生如此大的变化？我们一直很想弄明白一个事实：为什么孩子受到家庭的影响如此之大？孩子在学校还是可以接触到优秀孩子的，但为什么他们的行为更多是来自家庭？后面也慢慢找到了答案：虽然每个家庭教育背景不同，父母职业和性格也不同，但优秀孩子的父母在各自领域里都是精英！他们不一定都受过很高的教育，但他们一定懂得生活的智慧。这些父母真诚善良，总愿意帮助他人。可以肯定地说并不是每个家庭都拥有智慧的父母，因为知识从来就不等同于智慧。

有个孩子天资聪慧，从他在赏能课堂上的表现就能得出结论，但孩子的父母并未意识到，每当我们听到家长训斥孩子时，总觉得这是对这个孩子天资的抹杀，只要是家长不认同的，绝对不让孩子做；有些孩子做事毫无章法，根本没有规则意识，公开场合总是散漫无神；有些孩子更加离谱，参加赏能为期两次的免费集训，在第二次课还没结束时就问老师，他现在的分数可以兑换什么奖品，因为他的爸爸说这里并不适合自己学习，下周不来了。看这个孩子说得很随意，我问他你喜欢这些卡吗？喜欢的话可以留着，以后说不定能兑换其他大的奖品。这个孩子说他爸爸明确说了，不会给他报名，就因为是免费的所以才来上课。结果一问责任老师，才知道这个孩子根本没有规则意识，对同学非常随意，拿东西、放东西基本是丢给对方，其他同学都不喜欢这个孩子。听到这我深表遗憾，一个小小的孩子就这样被培养得不"可爱"了，他的眼里更多看到的已经是利益了。

也许我举的这几个例子都比较个性。但是，不得不承认，在我们周围的确存在着一些不是那么"可爱"的孩子，他们或者已经有些麻木，眼睛里从来都看不到别人，不在意身边人的感受；或者从来都是我行我素，不喜欢就放弃，不高兴就讲脏话；或者他们的世界里只剩下名次。这样的孩子即使成绩再好，又能怎样呢？任何一个正常人都会喜欢健康阳光的人，没有一个人不喜欢优雅绅士的举动，没有人愿意别人对自己表示"无所谓"。当我们带着这样一种心态去看待孩子成长时，我们发现，原来培养一个可爱的孩子远比培养一个只是成绩好，但却只有自我的人要难得多。

可爱的人心里时时有别人，懂得为他人着想。他们会谦让并理解他人。那些不可爱的孩子处处对他人表示出藐视、不在意，看似很个性，更独特，但他们也许是最值得我们同情的人！他们原本是最无辜的孩子，短期内他们的人生好像会一帆风顺，但他们的将来注定充满着可预知的坎坷。因为支撑社会大流的还是那些勇于担当的、真诚善良的人，他们往往是那些可爱的孩子们组成的！

可爱的孩子们，也许你们还在为自己目前成绩平平而情绪低落，或者还在为刚刚失去一位朋友的友情而伤神。但只要你们的心底一直保持着真我，真诚对待别人，接受别人，主动学习生活中的美好，这个世界必将拥抱你！你们的付出和谦让会让你们的生命历程更加精彩，人生之路越加宽阔！

所有的家长朋友们，每个人都将有属于自己的舞台，我们需要的仅仅是一个可爱的孩子而已！

2. 忠于你的选择，并不断去成就它

生活的现状就是由我们过去无数的选择决定的。爱丽丝·米勒在《天才儿童的悲剧》一书中提到：过去在关键时候没有被体验过的东西，在后来的生活中是不可能得到的。

长期和孩子在一起，你会发现孩子之间心智差异极大，有的孩子你说一句话他马上就能明白自己可以做什么。曾经在课堂上我们提到了"人工智能""时空穿越"，一些孩子马上眼神亮起来了，他们的眼神里有渴望、有好奇，对未来世界的不可预知充满期待。但也能看到有那么几个孩子，没有什么让他们感兴趣，一下课马上就背起了书包，也不主动跟别人道别，只想着自己已经完成了一个"任务"，要开始下一个"任务"了。

那些充满好奇的孩子会记住老师推荐过的每部电影、每本书，比如我们曾经推荐过《亚特兰蒂斯》，很快有人就开始看起来；推荐过刘慈欣的《三体》，许多男孩不久就谈论起了黑暗森林。今年我自己也读了《安德的游戏》《死者的代言》等科幻作品，并和大家做了分享，让人欣喜的是这次有女生也很感兴趣，大家开始讨论第三生命形式、异族和异种、智慧和意识交流，等等。我知道从这一刻起，这些孩子的思维已经超越了许多人，他们将会了解更多。

选择认真，就选择了一条并不平坦却惊喜不断的路，这种延迟满足感会让你更加自律。

在《少有人走的路：心智成熟的旅程》一书里，作者 M. 斯科特·派克提到了自己曾经面临的一大困惑：有一段时间，他看到同事都早早下班了，而自己还要加班到很晚，每天晚回家让妻子也颇有怨言。不久后，他实在忍受不了这种状态，便怀着虔诚的心找到学院主任，并倾诉了自己的烦恼，结果主任听完后只是说："看得出来，你有问题。"派克很疑惑但依然真诚地说："我知道我有问题，您说我该怎么办啊？"主任还是说："你确实有问题。"派克这时候有些不高兴了，不过他还是继续问道："我知道我有问题，我来这里之前就知道了，我究竟该怎么办？"这时候

主任也有点生气了，他大声说："我再说最后一遍：你的问题！"派克听到这后再也无法隐藏自己的情绪了，他火冒三丈，很快离开，并且有三个月没有再和主任说一句话，他想：主任的水平也不过如此，连自己的困惑都不能解决，还算什么主任。不过很快在这三个月的时间内他就意识到果然是自己的问题：同事选择每周只接诊一次患者，而他选择两三次，没有人逼迫他，是他自己做的选择；妻子有怨言，他可以早点回家。想明白后他再也不嫉妒别人早下班了，他做的事情没有变少，只不过是调整了心态。

选择是你自己的，你必须忠于它，既然做了选择，就要承担不一样的责任和义务。你的负担或者压力大不是命运造成的，只是因为你选择了不同的生活。

看到这里的时候，我也有种豁然开朗的感觉。我们每天要做许多事，甚至很多是需要我们独自承担的，但你没有必要抱怨，这是你自己的选择。因为你想要感受一种不一样的收获，你便需要付出匹配的时间和精力，一切都在遵从着基本的平衡。

一个人要想有所作为，在人生旅途上不断迈进，有些时候就必须要进行较大的放弃，放弃早上睡懒觉，放弃和别人一样自由支配的时间，甚至放弃自己的所爱。

曾经一个孩子给我讲过自己爸爸最让他佩服的地方：他的爸爸晚上不管多晚休息，第二天都会早上五点起床，然后是读报纸，运动。有时候他可能是深夜一两点才睡觉，但早上自己起床时已经看到了书房里的灯亮着了。没有人逼这个爸爸，他只是自己选择了五点起床，所以他没有抱怨，而是以热情投入到新的一天中。这个孩子特别崇拜自己的爸爸，见过这个自信自律的孩子后，你就会知道意志力有时候是遗传的，这个孩子的专注力和自制力也远远超过同龄人。

当我们选择了某件事时，潜意识会调动一切积极因素，让我们更好地迎接挑战。大脑的高级中枢——判断力，必须约束低级中枢——情绪。做任何事全力以赴，这样的人常常心态更平和，内心更宁静。作为成年人，我们一生都面临各种选择和决定的机会。接受这一事实，就会变成自由的人；无法接受这种事实，就会一直觉得自己是个牺牲品。

"你不能解决问题，你就会成为问题。"美国作家埃尔德里奇·克里佛说过这么一句话，今天看来这句话依然是至理名言。一些父母在处理和孩子的各种"问题"时，往往有除之而后快的心态，粗暴地干涉、温柔地拖延都不会使问题得到解决。

　　一位三年级的孩子因为好玩拿了同学一块橡皮擦，同学向老师告发，传到孩子妈妈这里，妈妈不听孩子解释，马上情绪崩溃，觉得自己给孩子提供了一切，他怎么还"偷"别人的东西，妈妈用的就是这个词，认为情节严重，将其赶出家门；一个男孩听到同学们都在玩一款游戏，自己在家也玩起来了，家人发现后惊呼：你怎么也干这种无聊透顶的事？激动之余，把手机直接夺过来扔了，把孩子一颗稚嫩敏感的心给伤透了，他只是想在同学面前有面子，不希望被人说（智慧的家长都懂得，此时才是树立孩子正确价值观的好时机）；一个孩子只是因为包粽子时没把米放进去（许多人一起包粽子），爸爸直接当面给孩子一个耳光，因为他觉得孩子蠢，给自己丢人了，其实那位爸爸自己都没有参与进来……

　　身边无数鲜活的事例让人痛心。我们有责任和义务用最大的爱去理解孩子。当你不能解决孩子的问题时，你就会成为问题，很多孩子就是因为这些事情和父母的关系日渐疏离的。如果你真为孩子好，就要放下自己的主观偏见，试着去和孩子沟通，为解决问题而付出努力，使自己的思想和心智不断成熟。

　　心灵获得成长的机会无穷无尽，而且没有任何限制。随时开始都不晚，不只是为了孩子，更多的是为了我们自己。

　　借用拉尔夫·沃尔多·爱默生在《我的信仰》里的一句话：我们长期以来的想法和感受，有一天将会被某个陌生人一语道破。

　　你并不孤独。当你能随时选择开始或者结束时，你的选择已经成就了你！

3. 让诗之琴音在孩子心中袅袅不绝

电影《放牛班的春天》，相信做老师的人大都看过。一所教会学校的几十名孩子几乎都是各个学校淘汰的孩子，他们打架斗殴且无人看管，家庭教育的缺失让他们渐渐对自己失去了信心，而学校也是极尽所能地压制孩子的个性，只要犯错必有严厉的惩罚等着他们。在这些孩子的眼里，老师都是很坏的，就是为了约束自己，所以他们变着法整蛊老师。

失意的音乐家马修在朋友的推荐下来到了这所教会学校，他自己的人生就够不幸了，可是这里的孩子好像更糟。他不忍心看着这些可爱的小家伙们断送自己前途，为了让学生们重拾对生活的热情，他开始教他们唱歌，为他们谱曲写歌，创作灵感也时时迸发。而在这个艰难的过程中，老师爱的力量让这些平时恶作剧惯了的孩子渐渐爱上了唱歌，脸上浮现出了淡淡的笑容。每个孩子心里的诗之琴弦都响起来了，马修老师的人生也越来越有动力了。

如果你是一名老师，在教孩子的过程中体会不到教学相长的意义，你很难让每个学生都为你的课堂痴迷，他们心里的乐曲一直是封闭的，而你在他们眼里仅仅是个长辈，他们很难跟你建立精神关联。一个好老师从来都是能给学生带来心灵涤荡的人，他需要让学生感受到他的人格魅力，也会慢慢在学生身上体验一种过去不曾有过的感受。如果你是父母，在养育孩子的过程中，时时把孩子当作负担、当作累赘，那你会越来越累，孩子也会越来越闭塞。但如果你怀着感恩谦卑的心态去面对孩子，那孩子就是你生活的养料，他们会用纯真无邪告诉你他们眼中的幸福和快乐。外界对你的干预会越来越小，你自己的内心就会不断成长，直到你可以接受孩子的任何状态。你甚至会羡慕孩子拥有的一切，是他们让你变得更加有魅力，也更加像理想中的自己。

一些孩子像清泉，干净清澈的眼神让你感受到孩子内心世界的纯粹，心情躁动的你有时候都被孩子身上那种安静给感染了。从此，你开始有意无意地让自己变得更好。有的孩子像青松，他的家庭给了他很多信心。他走过的地方就像有座大山，你都感觉这个孩子身上有一种力量，他能让你信赖他，让你忍不住去学习他，这样的孩子走到哪里都是有领袖气质的。当看到父母或者老师陷入困境时，他们常常会说，没事，没关系，还有机会呢！我见过这样的孩子，感觉他们比我们要强大很多。如果你善于从这些孩子身上学习，你会发现，任何外界的困难我们都能把它看作一种机遇，事情的结果也会让你越轻松坦然；有一种孩子他温暖如玉，善良宽容是他对待别人的态度，我亲眼见过一个孩子带了早餐来上课，结果听到有人没吃早餐后，毫不犹豫地把自己的食物让出来了。看到这样的孩子你都要审视一下自己是不是有这种甘于奉献的心态；这些孩子真是幸运，他们在小小年纪就体会到了一些人要花很多时间去学习的生活真理，甚至有人一辈子都体会不到这种心境。

我想孩子的心里应该住着一湾清泉。它干净清冽，不管这个孩子受到了外界怎样不公正的待遇，他都有自愈能力。不管他承受了多少赞美，他时时具备自省自察的能力。这样的孩子善于思考，他总在想是不是自己还有更大的空间去提高。一个人只要他是思考的，他心里的诗之琴弦就是响起来的！

可是，大多数的孩子由于学业成绩的不理想，已经没有自己独立的空间，他们要用更多的时间来对付日益繁重的学业。学习变得越来越难，遗憾的是在他们的意识里学习就是这么困难，好像也变得越加无趣。有段时间我开玩笑式地慢慢引导过一些孩子，告诉他们我们生活在经典物理的世界，另一个量子世界的我们也许微不足道。为了加深可信度，我给孩子们举例蚂蚁生活的世界，告诉他们蚂蚁在它们的世界里生活在一个怎样的维度，可是大多数的孩子觉得老师在开玩笑，不可能有这种存在。但我仔细地观察，越是聪明的孩子越能接受课本外的知识。他们愿意主动思考并去找寻答案，他们好像是一块海绵，总是吸不饱源源不断的知识。你打开了他的思路，他会自己去主动研究并试着找答案，结果这样的孩子学习起来越发轻松。在他们心里，诗之琴弦是时时响起来的，并且已经根据自己的兴趣爱好奏出了优美的曲子。

我该怎样强调丰富孩子精神世界的重要性呢？如果您是一位父母，如果孩子还处于以自我为中心，并为自己还不错的成绩沾沾自喜时，我们真的要谨慎了。在他的认知里，他只能接受他愿意接受的，并且一定会坚持认为自己是对的，如果外界稍微事与愿违，就相当不淡定，而且总能为自己的失利找到理由。作为父母和老师，我们得时时看着孩子的眼睛，当你跟他说话时、当你在上课时，你是否能够吸引他们，或者他们的眼神是否依然明亮清澈。我们还能不能时时拨动他心里的诗之琴弦，他们还会为我们的一句奖励、一次启发尝试去改变自己吗？

课堂上，我喜欢因材施教。遇上知识储备丰富的孩子，我会创造机会让他讲出来，一方面他会有更大的动力去补充知识，另一方面渐渐加强了他对自我的肯定；眼神比较涣散、精神状态比较低沉的孩子是我上课时常常需要眼神关注的孩子，有意无意地让这些孩子参与公共活动，只要他的心靠近了，后面跟他讲什么他都会主动接受。这样的孩子一旦意识转变了，他的进步是飞速的！老师要切记不要总是批评那些不够热情的孩子，他们已经够不幸的了，班级里、生活里很多人都给了他们压力，你越是责备他，他就离你越远。

还有一类孩子你不能因为他们不惹事、学习还可以就对他们"不闻不问"了。作为老师要时时关注他们的阅读状态，让这些孩子的世界更宽阔，我们要知道这样的孩子占了绝大多数。让他们进行广泛的阅读，他们会在书中找到玩伴、找到归属感。一旦他们跟随书中的人物嬉笑，那这样的孩子便能活出自己的性情，在他们的世界里，每种存在都是有价值、有意义的，他们好像总能引起共鸣。做这类孩子的父母也是幸福的，孩子知道自己该干什么，懂事有原则让父母省去了很多烦恼，但有时孩子的不温不火会让父母们觉得孩子有点不求上进。这时候，我们要多注意跟孩子交流，问问他们的热情爱好有哪些。我亲眼见过几个中等成绩的孩子在父母和老师的热情鼓励下变成了最优秀的学生。

刚成为赏能老师的时候，我也是喜欢说教的。因为我们自己就是这样成长的，可是我发现这对一些孩子是不起作用的。后来经过不断学习再加上对儿童心理的渐渐了解，我才发现原来只要你换个方式，那些不听你讲话的孩子都像变了一个人，他们个个都想表现得更好。而我认为结果的转变不是孩子们变了，是我自己的心态发生了改变。每个孩子都是不一样的，当我心里尝试去反省自己的时候，我开始理解为什么孩子会做出那些不同的反应了，当然也就接受了每个孩子之前做出的我认为不妥的事情。以后遇到各种各样的孩子时，我都觉得这首先是一个值得爱的孩子。怀着这样的心情，不管他是不是规则意识很淡薄，知识积累很薄弱，甚至有轻微暴力倾向，我都愿意和他一起成长，是孩子教会了我接纳，所以我也变得更加宽容，也有更多能力处理其他事情。

通过不断总结，我发现优秀的父母和好的老师，他们似乎都具备一种自察的能力。当孩子表现出不满的情绪时，他们总能敏锐察觉，然后做出改变。这样的父母和老师懂得换位思考，能及时站在孩子的立场去为他们考虑。如果我们的孩子遇到了这样的父母或老师，那他心里诗之琴弦就是不绝于耳的。

因为做老师的缘故，看到那么多的可爱孩子不自信，不快乐，甚至有的已经有点"不善良"时，我的心中平添了一份感伤。不管是做老师还是做父母，我们都该时时思考怎样做才会促进学生或孩子健康人格的发展。只要你内心有爱，即使你现在依然有很多不完美，或许知识储备不够丰富，或许脾气急躁，等等，但只要你能认识到自己的不足，并坦承自己的弱势，那你一定会变得越来越好。不管是父母还是老师，最不该持有的观点就是认为自己比孩子厉害，我们在孩子面前应该保持一种敬畏之情，是孩子让我们有机会成长，做了另一种身份的自己，也是孩子让我们感受到特殊的荣誉，教学相长应该要铭记在心。

孩子是上帝派来的天使，他让我们在人生的各个阶段体会到一种纯粹，让你知道原来快乐的最高境界竟是快乐得像个孩子！上帝赠给老师和家长每个天使之后，我们该做的第一件事就是接纳，接纳这个生命带给我们的每一寸时光，这其中哪怕困难重重，总让我们不断挑战自己的忍耐力，但千万要记住让自己的心静下来。

中国有句老话叫将心比心，话很简单，难的是落到实处，西方心理学里表达了同样的意思。年轻的父母和老师们，在成为父母前我们每个人如果能了解一些心理学，那对我们处理各种关系将有很大的帮助。《放牛班的春天》是一部令人感动的电影，它也是根据真实事例改编而成的，这部电影告诉我们发自内心去关注儿童精神世界的发展，让儿童心里的诗之琴弦响起来，应该是我们的第一使命。

4. 有梦想的老师才能给学生以希望

当我们接触到生活中各种各样的人时，慢慢发现，优秀的人身上总是自带光芒，他们热情主动、坚韧隐忍，宽容而又具有亲和力。每每这个时候，我总会想：如何才能改变自己，让自己变得更加优秀。这真是件令人期待且振奋的事。这周赏能老师们集体观看了一部美国的励志电影《卡特教练》，它让我再次感受了优秀者身上的个人魅力，在他们的世界里梦想总是如此贴近现实，所有拥有梦想且为之努力的人，终归是幸运的。

《卡特教练》讲述了一位平凡的教练用自己奉行的道德准则为一群迷茫的年轻人重塑梦想的故事。这是一个发生在美国的真实故事，曾经激励了一代代年轻人，尤其在当时种族歧视并未消除的年代。即使在今天，重新认识卡特教练，我们依然被他高尚的道德情操和优秀品格所折服，让我们一起来说说这位教练。

卡特教练是一位优秀的篮球运动员，出色的职业生涯让他可以成为一名优秀的篮球教练，但"不幸"的是，他要成为一所不那么受欢迎的中学的教练。这所学校每年只有50%的人可以毕业，50%里只有4%能上大学，且上大学者女生居多，而卡特教练的学生也不是那种对学习特别感兴趣的学生。尽管如此，坚定执着的卡特教练依然立志要培养他的球员考上大学，改变命运的魔咒。

卡特教练身上展示出的独特个人魅力和卓越的教育理念一定会让每位观众有所触动，我也不例外。我想就《卡特教练》中传递的核心价值观与赏能理念展示出的一致性进行以下三个方面的分享，希望更多的人能认识到教育者的任重道远，并能参与到教育孩子的过程中。

（1）规则意识必不可少

身为一名教师，当我们身处这个岗位时，职业激发的荣誉感也会让我们斗志昂扬，让我们满怀期待。但激情褪去，我们还能否保持对学生发自内心的爱，持久关注他们一生的成长命运，这是卡特教练教给我的第一课。

虽然是一名篮球教练，但他给学生上的第一课却是"尊重"，一种规则意识的根植。所有的黑人彼此应该称呼"先生"，这是对自己身份的认可，也是对待他人应有的礼貌。在我们身边，我们时时能看到有些孩子任性妄为，毫无规矩，缺乏基本的规则意识，在他们眼里没有公众场合，只有自己眼睛里的世界，每每看到这些我们都深感遗憾。因为时间一久，孩子的规则意识很难再重新培养。作为赏能老师，我们在心中要时时牢记：关注孩子学习成绩进步的同时，更应看中这个孩子自身规则意识的养成。

回到我们的教育环境中，不难发现，身边优秀的孩子都拥有极强的规则意识，有原则性，思维活跃且开阔，很多孩子表现出的教养甚至让我们都感到汗颜。所以当更多的家长朋友问我们如何才能使自己的孩子变得更加优秀时，我总是毫不犹豫地告诉他们：先培养一个有规则意识的孩子！但依然有不少家长并未对孩子的言行举止进行过多的关注，他们希望看到的是成绩的提升。真希望更多的人能够关注孩子的幸福感，关注生命过程中的成长体验。《卡特教练》在培养孩子规则意识上给我们提供了足够的动力，我们还会坚持下去。

（2）高度决定思想的自由度

在卡特教练的带领下，整个球队成为当地一支小有名气的球队，球员的虚荣心开始膨胀，他们满足于眼前取得的成绩，沾沾自喜。有的球员不去上课，为此成绩一落千丈。卡特教练开始关注他们的成绩，强行要求每个球员成绩要合格，但这种做法让球员们难以理解，有的用离开球队表达自己的不满，甚至学校的校长也认为球员的职责就是打好比赛，为学校赢得荣誉，没有人支持卡特教练专注于学生成绩这件事。但卡特教练坚定内心的初衷：培养这批优秀的球员考上大学！他知道如果不上大学摆在球员眼前的将是怎样的路，高中辍学后，部分进入监狱，部分流落街头……他爱他教授的每一个球员，发自真心想要为这些孩子的前途负责，这是最伟大的爱。

为了让球员意识到学习的重要性，他不惜关闭体育馆来和球员谈判，最终换来了校长和学校其他老师的理解。他们开始重新认识这个球队，关注每个球员，每个球员也终于认识到了为自己负责的意义，他们开始更加有目标地努力、更有尊严地生活，每个人的精神面貌发生了极大的改变。

电影的结局很美，在卡特教练用心良苦的感召下，这批孩子可以说是惊艳了整个美国。他们中的助理球员不仅上了大学，并依靠自身突出专业优势进入了名校，所有这一切都根源于卡特教练的远见。美国历史上黑人的社会命运一直是可预见的，更多的人生活在社会底层，他们中很多人都经历过监狱生活，卡特教练不想让历史重演，他改变了整个黑人对自身种族的歧视。在这一点上，他的作为不亚于美国黑人教育家华盛顿对整个南方教育事业作出的贡献。

球员们进入了理想的大学，改变了自己的命运，让更多的黑人看到了希望……

回归到赏能课堂上，每位小作家的作品都是孩子们内心世界的映射，赏能尊重每个孩子的内心想法，写作是每个孩子可以掌控的工具，能够用长篇作品表达自己的内心感受，本身就是一件幸福的事。更重要的是在创作这个不断输出的过程中，孩子们需要不断输入，拓宽视野，接受多元化的创作题材，这要求每个孩子需要不断调整自身认知，对更多的未知领域保持兴趣，才能成为一名优秀的小作家。如此长期坚持下去，我们相信每个小作家都将比同龄人拥有更好的心态，更高的高度，从而有能力处理更多的事。

（3）有奉行不悖的道德准则

卡特教练有个球员叫 Rick，他是一名个性十足的球员，在担任球队主力时，其中两次离开球场，但卡特教练用不一样的方式欢迎他归队。第一次 Rick 见到卡特教练时，极尽侮辱之词，卡特教练跟他提基本要求，他不想服从。在无法沟通的情况下，卡特教练让他离开球队，没过多久球队名声越来越大，他非常想加入，但迎接他的却是补上之前其他球员训练的所有基本功，Rick 在队员的帮助下顺利归队；第二次离开球队，是因为卡特教练要求大家提升学习成绩，心高气傲的 Rick 已经自诩为超级明星球员，不屑于为学习付出任何努力，他主动离开球队。这一次的离开让 Rick 心生怨恨，他甚至开始帮别人销售毒品，直至一次意外发生：他的表哥在毒品交易中被人用枪打死，他才感受到了不可预测的前途和摆在自己面前的险境，这一次他惊慌失措，跑到卡特家，迎接他的却是卡特教练一个大大的拥抱……

当你愿意改变自己时，全世界都在拥抱你。卡特教练奉行的道德准则就是宽容、尊重。不管外界环境怎样变化，始终坚守自己的初心，为每个球员的前途着想。成为赏能老师后，我们也一直对自己有更高的要求，希望可以在孩子成长的路上提供一些帮助，并且能始终如一、不忘初心，坚持最真的信念。对任何孩子发出任何评价都是本着促进孩子成长的初衷。

影片的最后有个问题值得大家一起思考：我们最怕什么？我们最怕的不是别人看不起我们，我们最怕的不是我们前途无量！我们真正怕的是我们光明的一面，不是我们阴暗的一面！是的，当我们用自己的坚韧和努力去面对一切时，暂时的失败又算什么，我们必将战胜自己，成就自己！

最后，想对所有年轻的朋友们和人生正处在拐角处的朋友们说一句：成功无捷径，但是，有梦想的人才有可能实现梦想！

5. 珍惜和保护好孩子的想象力

谈到想象力，大多人首先想到的是艺术家们的艺术创造力，不俗的作品真让人叹为观止。但是在今天我们听到了关于平行宇宙、黑洞等之前很少被提及的新名词，才发现原来想象力竟然是无穷尽的。美国迪士尼公司出品的许多电影一经面世就受到人们的追捧，我们惊叹于别人的神奇创造力时，也在想为什么我们的思维里总少了一种创新？常常写作的朋友知道，写作是一种思维的训练。如果能长期坚持下去，这个人的思想一定会更有广度。在关于儿童想象力方面，大多数的家长基本是抑制孩子的，我们可以看几个具体的案例。

案例一： H是一名三年级的女孩，长得极其漂亮，并且脸上时时挂着酒窝，刚见到她时我在想，凭借这个孩子的自身条件，她将来做任何事都会是游刃有余的，并且暗自决定把这个孩子往主持方向再培养一下，她的形象实在太难得了。当然由于赏能课堂上每个孩子是比较放松的，所以H在前几节课上一直表现得相当出色，演讲也可以大方走到台上，但只要一到写作环节，她好像总是显得心有杂念，老师走过去跟她交谈，问是不是思路上有问题？她摇头。五分钟后，看到她还是在思考，并且从表情上判断出目前是比较不安的，老师走了过去跟她分享自己的故事，她也在认真听。但是当老师提到这些都可以写在你的小说里时，她连忙摇头："不不，那不行，那都是假的，我妈说每个人都应该客观，不能主观。"以后的几次课上，这个孩子依然只能进行简单的记叙文，看到这我们也很着急，想着怎样打开这个孩子的思维方式，让她的精神可以更放松一些。

在找到方法之前，让我们先看看那些想象力被保护得特别好的孩子是怎样发散思维的，有时候不得不惊叹孩子的想象力，他们的世界里绝对有我们看不到的精彩！

案例二： Q是一名四年级的学生，他来到赏能时我们都觉得他是个小绅士，特别有礼貌，非常自律，总是按照老师要求做好一切。绝对是那种一见就让人觉得有教养的孩子，他的举手投足间流露的都是大气。

那天是他第二次来上课，正式开始长篇创作时，我带着 Q 和另外两个小孩（A 和 C），告诉他们我们即将进行一个即兴故事演讲。

老师：咱们的故事名就叫《神秘旅行》吧，我先来开头：

一天，卷发小精灵（这个小女孩也是卷发）、顽童和小王子相遇了，他们一起来到了一座叫长发中心的大楼，由于小王子从未乘过电梯，等他上到 23 楼后突然晕倒了……（现在大家把故事接下去，谁想好了谁来讲）

Q：（反应很快）我知道，我知道，这时卷发小精灵很着急，因为他是王子的保护者，只要王子受到任何伤害，他自己就要被精灵国驱逐出境。于是，她马上拔下一根卷发，这是一根神奇魔发，只要心里默念，魔发就能去任何想要去的地方，现在它正在飘向远方，只有那个地方的神医能够拯救王子……

A：（卷发女孩）然后，魔发飞到了很远的地方，它在路上遇到了很多以前没看到的风景，它心想，要是自己可以停下来去欣赏一番美景，该多美啊！它飞过河流时看到了两只游玩的鸭子，它们正在奋力游着，又飞了一阵时间，离目的地也近了，魔发想松口气，一阵大风刮来，它被带到了一个荒无人烟的沙漠里……

C：（听了半天，想了很久，悠悠地来一句）老师，可是我妈妈说世上根本没什么魔法啊！再说了，头发怎么能去旅行呢？我现在就可以拔一根……听到这我们三人都笑了，这本来就是一场即兴的故事创作，可孩子还要找到真实的依据。后面的事实证明，想象力一旦被破坏，很难在短期内恢复。

其实我们也能从这个简单的插曲中看到：Q 的家庭相比较而言是最幸福的，他的想象力被保护得很好，总是在最短的时间内进入状态，并且把自己放入到环境中。A 属于相对开放的孩子，有理性但还是在克制，所以她的故事里就显得叙事会比较仔细，因为她总是担心别人是否能理解，正如她理解别人一样。而 C 就是最大的受害者了，他好像总是很真实，但他想象中的世界因此也变得很小。

关于孩子想象力的问题，身边很多孩子就是我们的榜样，让我讲两个真实的例子吧，他们的故事让我感动。

案例三：Z 是一名初一的学生，来到赏能已经有几年的时间，每次见他总觉得这孩子不像初中生，因为我们见过的初中生大多都是一脸沉稳，有点被作业累到的样子。他好像从不是这样的，更多的总是一副嘻嘻哈哈的样子。前几天遇到孩子爸爸，一位非常优秀而又有原则的父亲，他说今年圣诞节的时候圣诞老人还给儿子送礼物了，到现在他每年都在等着圣诞老人的到来，说完自己哈哈一笑。我们几个老师听了都觉得挺好玩，初一的孩子到现在还相信有圣诞老人存在，我们问孩子爸爸，那假设哪一年或哪一次没有收到圣诞老人的礼物怎么办呢？孩子爸微微一笑说，他妈会告诉他，圣诞老人最近很忙，过段时间再来看你。我们再问，那要是班上同学都告诉他没有圣诞老人呢？他说不会的，我们都这样告诉孩子，只要你自己相信有，就肯定有！虽然这是发生在我们身边的故事，但依然觉得很感动，很难得，我们身边有多少人还耐心地为孩子保留一份纯真。这真是智慧的父母！

案例四：每周四是老师们集中学习的时间，关于孩子想象力这个问题因为跟每个孩子的长篇创作有直接或间接关系，我们自然是格外看中的。所以关于这个话题的讨论也在时时进行，如何打开孩子的思维，如何让他们的想象力得以拓展？有位作家曾讲过其实每个孩子都是天生的诗人，但为什么我们面对的孩子在一天天变得更加务实？来听听一位老师在学校实验班的一堂课吧：

老师：孩子们，知道老师今天是怎样来到学校的吗？

学生：（叽叽喳喳后，答案就是最常见的交通出行方式）地铁、公交、走路等。

老师：不对，让我来告诉大家，今天我是怎么来的，我是从火星来到地球，降落到这个班的。

学生：（大笑）不可能，不可能，老师你从火星来的？怎么身上没带着火？

老师：（有点没想到，继续编下去）因为老师到地球时用水把火浇灭了。

学生：可是老师，火星上温度很高，根本不能住人啊？

学生：你为什么要从火星来，而不是从其他星球来？

学生：老师，你从火星来，为什么不生在地球上啊？

……

老师还没有讲完，我们都已经笑起来了。是的，我们的确见过一些非常可爱的喜欢刨根问底的孩子，他们非常执拗、非常纯真，认为大人讲的都是真的，听到假设的事情依然会害怕。但是我们依然要说的是，是什么使我们的孩子很难接受一种新的思维挑战？他们好像对自己见过的、真实触摸过的更感兴趣，但思维不是物体，它需要开阔。

每当有家长朋友问我："老师，为什么我的孩子写作文总是这么困难，好像别的孩子也没有他这么困难。"我会先问一句："您的孩子想象力怎样？"我们对所有在写作上存在困难的孩子进行了分类总结，发现他们有个共同点：思维受限相对严重，看他们的文章，仿佛有种痛苦的感觉，作为读者我们都能感受到拼凑的味道，孩子带着这样一种感受去创作、写作，怎么可能会有行云流水般的文字？

每到开学季，小作家网站会收到同样题目的文章几十篇，因为每个孩子的作文题目都是不能再更改的，可能题目限制了大多数的孩子写出与众不同的文章。但对那些拥有想象力的孩子来讲，任何作文题目在他们眼里只是个符号，他都可以用自己富有诗意的文笔去写下自己的感受，对任何事情都有自己的判断能力。这样的孩子，他们的想象力是丰富的，更是会主动思考的。

如果说在关于孩子想象力上能为孩子们提供什么建议的话，我们想结合一些经验谈两点：

（1）重视孩子向你反映的问题

在谈到这个问题的时候，我总能想到那些偶尔向我吐露真情的孩子，他们的处境真的很不好，但很少有人关注他们真实的想法，包括自己的父母。

有一天，一个可爱的女孩说她一直想跟我分享个秘密，我说秘密的话就不分享了，把它放在心里，她说她想对我说出来，看她那期待的眼神，我真是不忍拒绝，让她等下偷偷告诉我。她的问题是：我为什么交不到朋友？这让我想起了以前一个女孩问我的问题：为什么别人都不喜欢我？每当听到这样的问题，我都恨不得让自己回到十一二岁，去做她们的朋友，因为她们很好，至少人很善良。我问她们，你们的这些问题有没有跟妈妈讲，她说现在不讲了，以前也说的，可妈妈说我还小，长大就明白了。现在的重点就是要把成绩提上来，因为自己的成绩还不是最好的，所以也不好再说什么。现在妈妈也很忙，根本没时间关注我的其他方面，只能通过成绩来看我的表现。

听孩子讲述的过程，真觉得这个孩子在承受着巨大的压力，甚至更多是来自父母无形之中给予的。我很想跟孩子妈妈好好谈一谈，成绩跟孩子的心理健康比起来，真不算什么。

现在这个孩子很孤单，有时候几乎不笑，有时候是勉强挤出一丝笑容，但很快就又没有了，希望所有的家长朋友们都能真正关心孩子在学校的处境，问问他们的好朋友的事情，聊聊班级的趣事，在他们看来，这些就是他们现在关注的全部。

（2）鼓励孩子的探索欲和求知欲

大多数的孩子，尤其在刚开始学习说话时，他们好像对所有的色彩都很敏感，喜欢看各种各样的东西，而且碰到问题就想问。如果父母不了解孩子的心理，在这一阶段阻止甚至抑制孩子向自己提问，那这个孩子学龄后会变得比较胆小。他们很少敢问问题，更别说提出不同的想法。让我们一起看看下面这位妈妈曾经向我讲过的故事吧。

她儿子自小就比较活跃，因为是男孩，她们也对他相对比较放任，这个孩子看到什么都很好奇，看到什么想研究一番，更要命的是他还净问一些奇怪的问题。有的他们根本答不出来，每当这时候孩子爸爸总是打骂孩子，并且告诉孩子，你别以为天天提上几个问题就多能了，告诉你，考试不考那些，以后少给我出花招。儿子自那以后好像变了个人似的，升到初一时非要自己住校，怎么劝都劝不住，也不再跟他爸爸主动交谈了，跟她之间的话也很少。

培养、树立一个孩子的自信心很难，但是击碎它却很容易，希望更多的父母能珍惜孩子向我们提问题的机会，不知道也没有关系，孩子提问题也可能只是想和父母更好地交流！

我们应该从心底里尊重他们，给他们一些真正来自父母的力量，这种力量是他人所不能给予的。我们应该告诉孩子我们自己的经历，好让他们明白自己的前途自己也是要承担起一定的责任的。

优秀的父母，学习意识是很强的。至少在面对孩子的时候，他们总会放下自己的成见。时代发展很快，也许我们在意的在他们这个年纪并不在意，他们喜欢接受的我们也许不太认可。尽管如此，作为长辈，我们应该主动改变自己，不断充电，让自己的智慧为孩子的成长助力。

[附] 几位小作家天马行空的作品

天空的左眼

南京市长江路小学五年级　周星宇

天空有一双眼睛，右眼一天眨好多次，而左眼呢，30 天才眨一次。

右眼又圆又神秘，天空的左眼，每到晚上都会发出柔和的光。它也圆圆的，亮亮的，多半是黄色，有时是红色，不过更多的时候它是白色的。它常常为路人照明，经常跟着我们走在马路上，走在树林间，走在田野里……

它的光很暗，但也很亮；暗在眼中，亮在心里。它很小，但也很大；小在眼里，大在心里。

它没有路灯那么亮，没有火那么热，没目光那么多变，不像警灯那么来势汹涌，它没有水晶那么洁净无瑕，更不像宝石那般炫彩耀人，但它有无私奉献、默默无闻、谦逊低沉等许多美好的品德。很多名家都写过它，很多人都赞美过它。

当你失落时看着它，它会像母亲一样鼓励你，像希望之光照亮你，许多英雄的梦中不可能没有它。看着它，你会记起往事，忘却现在的烦恼。它代表光明，代表朋友之间的友谊，代表温柔，它还代表了许许多多……

现在，你知道它是什么了吗？没错！它是月亮，它，就是天空的左眼！

夏夜遐想

南京市新城小学五年级　王沿钦

晚上，我慢慢地来到小区的草坪上，不紧不慢地躺了下来，仰望星空，展开了无限的遐想……

我觉得，月亮是一条小船。上面住的不是嫦娥，而是一位老人，准

147

确说是一位老船夫。看着明月，我似乎也能看到他那苍老、慈祥而又饱经风霜的脸。

他不是人，也不是神，而是一个独特的存在。他看着地球，看到中国改朝换代，看到美国的独立，看到每一处细节……但他从不叹息，也从不干涉。只是一直在静静地钓着他的鱼——也就是我们所说的星星。夜空这片海洋，给予他很多很多，却让他感到悲凉和孤独。

他每天都要钓很多很多的鱼，只是大部分时间，我们没看到而已。可随着船里的鱼越来越多，海里的鱼越来越少，小船变得越来越满。终于，小船超载了。"哗"的一声，小船翻倒，海里的鱼又从所剩无几变回了原来的数量。那老渔夫呢？他也不气馁，只是把小船翻过来，再次坐了上去。他睡着了，静静地等待明天的到来，这样的事儿，每个月都在发生，从不间断，从不停息……

这不，老人又钓上一条鱼。你看那是一颗拖着长尾巴正高速移动的流星，就是他今天钓上的第一条鱼了。我盯着那颗流星出了会儿神，陷入了沉思之中。是啊，流星那么美丽，不就是因为它的短暂吗？因为短暂，才会珍惜，才会有美。或许生命的美，就已在这流星的美里，被展现得淋漓尽致了吧。

在夏夜的遐想中，我似乎悟出了生命的真谛。我打了个哈欠，便在草坪上睡着了。我梦到了月亮，梦到了那位老人……

6. 认识事物是提升自我的重要途径

世界上有很多比读书更重要的事。在做事和读书之间，做事优先。但读书是除实践外迅速积累见识的最好办法。

由于我们每个人的人生都无法重新来过，需要自己去面对，所以我们获得的第一项本领就是立足社会。那些智慧的父母们，他们总能给孩子创造良好的成长条件。不管物质是否充足，他们的精神世界一定是丰盈愉悦的。除了让孩子感受到家庭的温暖外，还会教孩子适应社会和未来生活。他们的孩子一开始就明白：努力付出之后获得的成就感和快乐只有亲自体会过才能知道。热爱生活是他们终生学习的课程，而生活的课堂是从认识事物开始的。

简单来讲，认识事物就是让孩子知道万事万物的运行规律，养成独立思考的能力。

真正的受教育应该是学习多种知识，培养多项能力，即使无法全部掌握，也应该尽量去学习、去培养。法拉第在一次演讲中曾说过，只有明白了周围事物以及它们之间相互依存的关系，才能对其做出正确的判断。没错，还有什么比让一个人分清是非，具有判断力更重要的呢？在孩子求学的过程中，我们看到了大量的付出付诸东流，很多父母对教育孩子失去信心。最后，陷入了随大流的被动中。可是，我们自己读了这么多年的书，我们心中理想的教育是怎样的？做父母的把生活的各种常识教给孩子，让他们自己具备独立生活的能力比单纯地获得知识重要得多。因为只有认识事物才能真正地触类旁通。

"比起一个有机生命体通过自我完善、求知，再综合为生命、思维，知识传授的过程要简单多了。"这是英国教育家斯宾塞说的，认识事物让我们懂得生活的基本规律，知道没有免费的食物，不劳而获终不能长久，知道滴水之恩当涌泉相报。如此，我们在真正的生活中才能获得勇气和毅力。那些优秀者都知道阅读的重要性，我们也一直倡导养成终生阅读的习惯，不断阅读是为了让我们对世界有更多的认识。但如果你只是沉迷在文字中，变得墨守陈规且思想有偏见时，我们已经偏离了读书的本质。

（1）乐观豁达的心态造就身心健康的孩子

作为教育者，教给孩子如何保持健康的身体和饱满的情绪应该是首要任务。一些孩子身体素质很好，自然他们的精神状态也很好，当他们来上课时，有一种快乐的气场在发散，每个人都会变得快乐起来；与此同时，我们也发现有那么几个孩子总是在"生病"，而且几乎每次上课都会迟到。我承认每个孩子的体质不同，可我们也见过大多数孩子明明是很健康的，只不过是因为天气太冷不想出门，昨晚睡得太晚，今天要补觉。还有的理由更为"充足"，最近天气不好，暂时就不上课了。是的，这些孩子抵御了外面的不利因素，他们更自由地做了自己想做的事。只是这些父母不知道的是，长此以往，孩子的身体真的就越来越不好了。心理学上有社会认同感一说，当孩子的内心想为自己不去上课找个理由时，好像生病是最充足的理由。果然，孩子就生病了。

过去一年多时间里，我也花了许多时间来读各国企业家们的传记。无论他们过去的起点如何不同，但值得肯定的是因为这些人，我们的生活发生了很大的改变。他们有名校的比尔·盖茨、张朝阳、雷军等，也有像马云、刘强东、王卫这样的企业家们。他们的求学时间并不比我们多，但他们都不约而同地把生活当成了课堂，用他们在生活中的点滴认识丰富着自己。不管是处于顺境还是逆境，他们都能用最积极的心态去改变结果。而点滴的改变却影响了整个世界。

（2）阅读也是认识事物的途径之一

一个人，除了阅读，还有比这更能让我们变得丰富的方法或途径，那就是认识事物。由董卿担任制片人的节目《朗读者》近期正式开播了，第一期的嘉宾里就有柳传志。在接受董卿的采访时，他有句话让人印象深刻：他父亲曾对他说，"只要你是一个正直的人，不管将来从事哪个行业，你都是个好孩子。"就是这么一句话让他觉得很温暖，父亲宽厚的爱给了他足够的勇气和担当，成就了他创办联想帝国的梦想。今天看到很多父母对孩子的学习非常重视，甚至以成绩来决定对待孩子的态度，难怪很多孩子觉得父母爱他们的分数比爱他们自己多。但对一个孩子来讲，能影响一生的不是某次高分，也不是一直考高分，而是在他们获得生活的馈赠时，不管是惊喜还是沮丧，都能有能力去面对它，并在学着处理事情的过程中，认识到生活的本质。真正的生活不会一直是甜蜜幸福，也有暂时的迷茫和无助。在经过生活的考验时，我们还是坚信生活终归是充满希望的！

我喜欢看着孩子的眼睛，从那一双双大大小小的眼睛里，能看到每个孩子需要什么，或者渴求什么。为了让孩子爱上阅读，我们时时进行着好书分享，也不断推荐家长朋友们以身作则去享受阅读。可如果一个孩子连基本的是非观都不具备，也只能暂时放下书本了。

大自然才是我们真正的老师。如果一个人能时时从大自然中获得灵感，那他一定是个有智慧的人。西方有这样一句话：一个喜欢大自然的人，一定是不会变坏的！教会孩子感知爱、分享爱更多是在我们爱孩子的过程中慢慢传递的！让孩子早一点了解和学习事物，是开启他心智的一种重要方法，当孩子的心智一旦开启了，他就会留心观察周围的世界，就会发现更多的奥秘，进而探索其中的道理，并思考该怎样与世界发生联系（斯宾塞《快乐教育法》）。

好的老师会有这样的体会，越是无意中传递给孩子的知识越能影响孩子，比如你随口说的一句话能让一个孩子突然眼前一亮。阅读的过程就是让孩子不断获得精神涤荡的过程，我们得时刻保持一种学习能力，一种对未知事物和未来世界的好奇心。只有我们真正从普遍性的角度去看待这个世界的时候，我们才能拥有更多的能力处理事情，认识事物的普遍规律应该是我们学习的重要任务。

一个人可能会身体强壮，也可能会学识丰富。但是最重要的是拥有良好的品质。一个拥有良好品质的人，才有勇气和能力去克服各种困难，进而完成伟大而有意义的事情。

人性本善，但社会学家和心理学家曾经做了这样一个实验，将一群孩子放在一个没有成人的环境下，结果这些孩子之间出现了跟成人一样贪婪、暴力和斗争的行为。所以，给孩子传递一种处事方式极为重要。如果这些人能在他们受教育的过程中认识到尊重他人劳动成果的重要性，那很多不文明的行为就会被扼杀在摇篮中。一些父母在培养孩子成为优等生的同时，却忘了作为人我们最缺的是什么。每个人来到这个世界除了认识世界，更多的是想要成为有用的人，或能创造价值的人。

（3）认识事物离不开大自然

这里的"认识事物"主要指对大自然万事万物的基本看法，当我们看到植物生长、溪水流淌时，当我们看到老鹰保护小鹰时，我们都能有一种认识：这个世界有各种形式的存在。如何去认识事物？认识事物其实就是认识世界的一部分。当父母拥有健康的三观时，可以给孩子树立一个很好的榜样，毁掉一个孩子比培养一个孩子要容易得多。很多原本优秀的孩子只因父母总认为自己的表现过于幼稚，便显得垂头丧气，更有甚者自暴自弃。久而久之，对自己失去信心。

反过来，我们也能见到有些家庭养育的孩子温厚淳朴，待人宽厚，礼数周到。因为这些父母本身都有一颗同理心，在他们心中他人的生活同样值得尊重。较好的生活具有某些共有的特征，而这些特征正是那些较差的生活所欠缺的。

认识事物，是一件美妙的事。当我们有心情走向大自然去呼吸新鲜的空气，去看看逶迤的崇山峻岭，甚至俯下身观看一群蚂蚁正在搬家时，我们都能生出一种崇敬的心情。我们也是大自然的一部分，能认识大自然中的花花草草，认识大自然中的飞禽走兽，并能在喧嚣的世界里，听到自己的声音，关注到自己的内心，那我们就是一个有慧根的人。

我们应带着积极的态度去和孩子分享，让他们认识我们真实生活的每一天，包括我们工作中的点滴，并让他们在一次次生活的实践中，去更好地认识生活，理解生活。一个独立自信的孩子就是在我们一次次和他认识世界的过程中成长起来的。参天大树还是小草都不重要，重要的是他们的存在都是大自然最好的给予。孩子的三观也一定是在认识事物的过程中培养出来的。

什么样的人能更好地适应未来的生活？你我身边的人生赢家们已经用他们自身的例子做了最好的阐释：真正被生活所青睐的不是那些所谓的聪明人，而是那些具备独立意识的人，他们拥有是非判断力，不人云亦云，也不妄自菲薄，他们坚韧而有自制力。所以，判断一个孩子的培养是否成功，绝不是看他能够记忆多少条规则，而是看他如何运用规则和有效的方法去获得更多知识的能力。

终其一生，我们都是在寻找爱和获得爱的路上，当他对自己的估价变成"他是什么"而不是基于"他有什么"时，他才会获得真正的自信。

7. 年轻人切勿成了浮萍

远方有高手，可我们身边同样有高手，有时候身边那个你不在意的人，也许正是他人望眼欲穿希望能跟着学习的人。

接触孩子久了，我的内心也变得更简单明亮。每个孩子都是天使，他们的眼神有时让人觉得真想一切就在此刻定格！是的，我们太希望每个孩子都能成长为优秀的人才，他可以自己掌握将来、选择适合自己的生活方式。可是一看到身边众多的年轻人，在他们终将成为家长来教育自己的孩子时，心中难免有些担忧：很多年轻人正在为生活而生活，他们如何能在毕业后的几年时间里成熟起来，不至于成为无根的浮萍？也许我们都已找到自己将要走的路，或许我们还在路口凝望，我想给大家分享几个我身边正在发生着的故事。

（1）不要无缘无故选择一个行业

很多人会羡慕身边那些处事周全、总给人信任感的人，我们总被这样的人所释放的魅力感染。其实每一个行业都有值得我们学习的榜样。

认识 W 是三年前的事了。这是一位 80 后妈妈，孩子很优秀，先生也很出色，最奇怪的是我们第一次通电话便觉得很投缘。W 是赏能小作家的家长，很多时候你都能感受到她真是一位热心的妈妈！她时时在向我们分享着孩子成长的点滴，认识的时间越长，越会发现我们都是很喜欢孩子的人。

于是开始有了更多的交流，从工作到生活，她都是非常正能量的朋友，总是无私地给予我很多帮助。直到去年年底，优秀的 W 在赏能的邀请下放弃之前工作，来到赏能，成为我的同事。有缘的人必然会走在一起，我们的事业刚刚起步，更多的考验在路上，但我相信我们心中燃烧的都是永不放弃的烈火，一定可以使我们走得更远！想到 W，心中便是无限感慨，这份感动无法言表，也许别人以为就是重新开始了一份工作，可是当你知道有些人是因为热爱而选择重新开始时，我们怎能不被他们的勇气打动？太多人被现实困住，却又不愿改变自己，W 的勇气给了我很多感悟：衡量一个人是否优秀，有时就看他是否有勇气选择放弃。

可是，并不是所有的年轻人都能意识到工作的重要性。"世界这么大，我想去看看！""工作不能影响生活！""享受当下！"这么多让年轻人陶醉的口号出来的时候，很多人以为梦想就是远方，工作稍有不顺心就辞职，换一份工作；上班时间外，不想让自己的生活受一丝一毫工作的影响；地铁广告在宣扬跳槽；电视广告在宣扬一夜成名；网络充斥着太多的诱惑，令人蠢蠢欲动，好像只要放弃当前，就能傲视天下。但作为年轻人，我们有没有问过自己：我们存在的价值是什么？我们想成为怎样的人？

校区面试了很多看似优秀的硕士和博士，但很多年轻人求职时都很关心这些问题：

这份工作是否有压力？有无稳定的福利保障？有无较好的升职空间？要不要加班？工资高不高？离家近不近？稍有不满，先想到跳槽，重新求职，他们不太关心这份工作能给自己带来哪种进步，很多人非常期望稳定，一再表示不喜欢有压力的工作。这些要求貌似都是合理的，可是世上有这样的工作吗？

回到我们身边，我们接触的更多是年轻家长，他们是 80 后，价值观很多元，甚至有些价值观是我们并不认同的。有时候想想觉得可惜，虽然每个人要过的生活不一样，但是我们都不应该使自己的家庭变得狭隘，不应该让我们的孩子失去更多的感受。所以，想对年轻家长们分享些我的想法：不要无缘无故选择一个行业，当你找到自己内心认可的事业时，你会发现工作带给你的成就感比你获得的一切物质财富还要令人愉快！

（2）高手就在我们身边

跟更多的朋友相处后，我们发现不管是令人推崇的企业家精神，还是令人艳羡的艺术家气质，抑或是独一无二的人格魅力，这些让我们感到美好的东西不在远方，它就在我们的身边。如果我们能够有幸去发现他们，那我们自己的人生也将收获不一样的结果。我身边就有不少不显山不露水的高手。

C 妈是集团公司副总，她谦虚低调，从不苛责他人。每次和她交流你总能感受到她身上散发的成熟气质，那是包容，是理解，更是一种支持！几年前我们就已经认识，虽然她不太善于主动交流，但她绝对是默默给我们支持的人，不动声色中做了很多她认为的小事。在我们需要帮助时，她总是慷慨大方，从不拒绝，在对待孩子上，她也是我见过的极尽民主的母亲，尊重孩子，平等对待孩子，让孩子充满力量，成为赏能小作家队伍中的佼佼者。

只要她有时间，我们会随时见面聚聚。有一次，我们聊到职业发展，她说，年轻人不要跳槽，任何行业都一样，都可以做得很好！我听完很受触动，因为那时的自己对待工作恰巧有些感性，有些情绪化。听到她说的话后，我感觉自己的心定下来了。每一份工作都需要付出，付出就是我们收获的唯一途径，别无其他。她是我的偶像，让我更好地明白工作对每一位女性都有不凡意义。

L妈是我身边另一位魅力妈妈，她总是那么善良，在她身上我们看到了分享的力量！任何行业、任何身份她都非常尊重，总是尽自己所能传递爱。她的孩子来到赏能后，她为赏能的发展做了很多贡献，可每当我们对她表达感谢时，她总是回应说是赏能的老师们给孩子带来了改变，她并没有做什么。L妈的乐于分享、善良真诚深深影响了孩子，她的孩子是一个超可爱的孩子，见过他的人都对他印象深刻，觉得这个孩子与众不同。我想说，有爱浇灌的孩子自然苗壮成长，是善良使人显得有教养。

Q妈是另一位温柔如水的妈妈。她总是那么体贴，替他人着想，她的身上总透着一股虔诚的气质，在她这里我们时时感受到被尊重。有一天，Q妈打电话到赏能总机，我接了电话，她很不好意思地说，根本不想打扰我，她有个小事，不麻烦校长，只需要找前台老师交流就可以了。我便告知她我现在不忙，但最终她硬是没有告诉我。后来才了解到原来是孩子最心爱的笔忘拿了。不得不承认我从来没有这样细地为他人着想过，甚至有时觉得打扰别人，找别人帮忙就是理所当然的，那次我很受触动。

后来Q妈一再问有没有她能为赏能做的，她总是竭尽所能，再后来，她在了解到她家有一些赏能孩子没有的杂志时，就把家里的杂志都带到了赏能。在她的身上我们感受到了满满的正能量，那种社会认知感，为他人服务的意识让我印象深刻。赏能老师也应该这样去为他人着想，我们目前做得还不够。

只要留心，处处都有"高手"值得我们不断提升自己。四月份大行宫校区进行"大师讲堂"课程，优秀的教授们对赏能发出的邀请没有一丝敷衍。他们在工作之余，细心为孩子们准备PPT，并不断修改，一稿又一稿，我这个外行也禁不住给出了修改建议，他们用自己的做事方式影响着我，影响着孩子们。我们必须做得更好。

远方有高手，身边同样有高手。有时候身边那个你不在意的人，也许正是他人不遗余力希望能跟着学习的人。高手们珍惜和你的相遇，用最大的耐心去帮助我们。他们内心志向高远，给我们最大的精神鼓舞。他们尊重每个人，对每个人的合理的需求都尽可能满足，并去帮助每个人。有人在追随高手的路上迷失了自己，妄自菲薄，最终陷入自怨自艾的境地。有人在藐视他人的路上不断失去，最终失去了视野和胸襟。很少一部分人在不断批判、不断自省的路上收获了自信，收获了梦想成真。当我们尽最大的努力去学习高手身上展现的精神气质时，我们也渐渐成长为别人眼中的高手。

（3）敬畏规则，拥有底线

每个人身边都高手如云，但也不乏自我意识膨胀者。他们的眼睛里看得见的只是自己的一厢情愿，很少顾及别人的感受，总是认为规则是为他人制定的，跟自己无关。这样的人，如果我们遇到了，我们还是要想办法正向影响他们。他们很可能是各个行业里的"边缘人"，也许他们以为世界就是这样的，人与人之间只有交易。真有些同情这种人，他们可能终生都没有机会体会人与人之间彼此信任与帮助带来的精神愉悦。当然，最终我们也会发现，改变这样的人非常困难，原生家庭给他们的影响是深入骨髓的。他们的意识里缺乏社会意识；很少有团队意识，他们从不认为自己的言行举止有什么不妥；他们认为天下所有人和他都是一样的。但尽管如此，我们依然希望他们的孩子们都能健康成长，就像电影《勇气》中提到的——所有的无知、愚昧，都从我这一代根除吧！

我也是成长路上的年轻人，非常幸运我能加入赏能的事业，致力于孩子的成长教育。未来的路还很长，我们必将面临各种挑战，我想对身边所有的人说，没有人的一生是可以预测的，每个人都有优秀的潜质，但做任何事一定要有自己坚守的底线。只有敬畏规则，尊重规则，我们才能真正赢得信任。

更多的年轻人，需要高薪，需要一些他们笃信的稳定。但我们也要明白薪资是和能力相匹配的，是工作让我们变得有价值！时时怀有感恩的心，用爱心和责任心去面对我们遇到的每一份工作，频繁跳槽并不会让我们拥有更稳定的未来。内心想得再多，不付出努力不会让我们梦想成真。不管当下我们是否迫于生计，我们都应该告诉自己：你应该成为你自己！

　　如果说有什么能够使我们一直处于主导地位，那我想说，我们必须拥有适应一切变化的武器——契约意识和规则意识。守时、讲信用是这个时代的稀缺资源，是最宝贵的财富，也是你应该时时铭记在心的道德准则。不管境遇如何，我们都应该有所坚持！

　　在感叹德国人的"工匠精神"时，我们可曾想过为我们的孩子提供哪些帮助？我们的父母兢兢业业，为了孩子优秀成长甚至不惜放弃自己的工作；我们渴望世界一流的文化教育，不惜为此花费高额费用；我们期待下一代能活得体面，在孩子教育上所费成本不在少数，但我们最不该丢弃的却正在离我们远去：尊重、平等和规则。

　　年轻人，我们就是时代的脊梁，我们可以让一切变得更好。让我们改变自己，不做时代的浮萍，争做有为之士！

一
一
一

8. 一位优秀生曲折的成长历程

　　自信的来源，很多人都想知道，因为每个人总有不是那么自信的一面，诚如第一次看到小徐徐一样。

　　小徐同学被同伴们称为小徐徐。小徐徐是典型的才女，在外人看来自信满满，但这个孩子在赏能课堂上却让老师们觉得接受了非常大的挑战。之前的她几乎只要一来到课堂，就会大声说话，面对同学和老师提出的意见多半会回复："无所谓""不在乎""随便"等，有时一听到这几个字心理承受能力弱的人就觉得受到了伤害。怎么办呢？每当看到这个孩子展现出来的才情时，我们又觉得这是一个天才，因为她的成绩太优异了，而且她的学习似乎毫不费力。但为什么她对长篇写作（几乎人人都能适应）却感到如此困难，并一再说，我根本就不会写。为了改变这个孩子，我们的探索之路正式开启。

　　小徐徐综合能力强，国画、游泳、书法、古诗写作，她会的每一样都使她在赏能小作家中声名鹊起。当然，这只是大家眼中的小徐徐，真正认识小徐徐，得从第一次上她的特训课开始。

　　暑假特训的第一次课，独立的她总是自己独自乘车。不管目的地多远，她都能很厉害地找到地方，这点在一般的孩子身上是很难看到的，这也说明了徐妈妈的独到之处。认真的小徐徐来到课堂后，遇到了一本书《导盲犬迪克》，于是那节课上她根本听不进去任何人讲话了，边看书边大笑、大哭，情不能已。三位老师用尽各种办法试图让她放下书，但都是徒劳。孩子们也劝她，但她要么就是不理会，要么就是责备别人。于是我们放弃了。

　　渐渐地，她把书看完了，看到其他人在创作长篇作品，她开始揪身边同学的脸蛋，不让别人好好创作。甚至用手打旁边男同学，好几次我都有点忍不住了。赏能课堂一再强调的规则意识、公众意识就这样让小徐徐挑战着。那天课堂结束后，我跟她进行了一次简单交流，要她做出保证，以后不再这样，她同意了。于是我期待着明天。

　　第二天，她迟到了三分钟。那天的主题是即兴作文，三个话题自由发挥，半小时之内完成，谁最先完成谁就做评委。所有的孩子们都非常配合，开始了作文，这时候小徐徐同学大声说："这三个主题我都不喜欢，都不想写。"我们知道她仅仅是因为对写作没了兴趣（后面和徐妈妈沟通得知，以前小徐徐对写作很有兴趣，自从上了四年级，遇到一位打击她积极性的老师后，突然失去了兴趣，甚至是写作的信心）。于是告诉她可以写诗歌，体裁不限。

半小时过去了，很快别人写好了，她还是没有写。按照之前的约定，最先完成并认为自己写得不错的同学去隔壁教室点评别人的作品，三个相当自信的孩子站起来说自己要做评委，并每人拿走了四位同学的作品。5 分钟后，被评委们阅览过的作品传了过来，分数在 95 分以下的文章不能进入决赛行列（赏能课堂自创规则），95 分以上的作品需要留在这个教室的孩子们再评价出写得最好的文章。看到三个孩子的作品在第一局淘汰了，于是，我们灵机一动，加入一个"复活环节"，小徐徐做评委，她听到后非常吃惊，赶紧接过去本子。我们告诉她，现在这几位同学的作品能不能复活，就看你了。她更是吃惊，很快，她说两位同学的作品都能复活，并给出了 97 分的高分。几位老师当时的反应是这孩子很善良，希望被别人重视。之前她种种表现都是为了让更多人注意到她。

接下来的一幕就更让人吃惊了。赏能课堂一向具有开拓性，我们的目的是让每个孩子的潜力激发出来。所以，那节课没有让孩子们主动上台去分享自己的文章，而是让被"淘汰"的同学上台去发言，每个孩子的本子上至少有三位同学的评价，所以，大家对结果是很信服的。等几个孩子非常"不好意思"地分析完自己的作品为什么没有进入决赛时，其他人都给了他们热烈的掌声。这时候，小徐徐也上台了。当时我告诉她，你并没有作品可以分享，她说她有话说，于是便同意她上台发言。内容如下：

今天我表现非常不好，没有创作，还欺负同学，不遵守课堂秩序，下节课我打算好好表现。另外，我要向李义如和杨奕道歉，她俩为了帮助我，自己的作文都没有写完，对不起！

她一说完，全班掌声不断。大家可能不知道，这是小徐徐在我们的印象中的第一次认错，甚至是第一次好好表现，我们几位老师激动极了。

那天因为她的诚意，我们专门奖励了她赏能卡，我顺便把她叫到上面的办公室，然后告诉她："今天表现很棒，以后希望你不要再讲'无所谓'这三个字了。"她答应了，改变第一步算是有点起色了。我们内心充满着成就感。

以后的几次课上，她的进步很大，几乎不再说"无所谓"，并且开始学会积极地表现自己。可想而知，她很快地对杨奕表现出了极大的好感，她还要选杨奕为最有魅力的同学，为写作最好的人……而杨奕也总是力所能及地去帮助她。赏能课堂上有很多环节是要你证明自己是个有魅力的受欢迎的人。所以，看到小徐徐一点一滴的改变，我们的内心无比欣慰。但是，这些改变仍然不足以使小徐徐成为最受欢迎的小作家，因为跟大多数的小作家相比，她的团队意识和纪律感还是不够。但有了这些细微的改变，我们相信她肯定可以变得更加出色。

在改变小徐徐的过程中，有个特别有趣的事情一定要分享出来，因为那次我真正切身感受到孩子世界的纯粹。有一天所有的孩子们开始挑战古诗词背诵。小徐徐是早上的小作家，因为她对《笠翁对韵》《三十六计》这些经典古诗进行了熟练挑战，所以她在那天早上人气很高，一次性得到了8分的高分，她很是高兴。因为时间的关系，没有让她再挑战。到了下午，小作家人数较多，分两班进行课堂教学，陈鲁豫凭借自己出色的记忆力和灵活的思辨能力，一下子得到了10分的高分。因为是两个班，而且两个孩子的年级差了两级，当时并未觉得有什么不妥。在课程结束后，看到那么出色的鲁豫，忍不住在鲁豫爸爸前赞美了鲁豫，当时小徐徐就在身旁，我便对鲁豫爸爸说：鲁豫实在是太出色了，今天下午老师提到的他全部会背了，太了不起了。所以，他今天得到了最高分10分的奖励，连我们早上那么出彩的小徐徐都很佩服呢！（我这么说也有一个目的，让小徐徐向鲁豫学习，因为鲁豫的规则意识、团队意识都相当好。）

我话还没说完，可爱敏感的小徐徐眼泪就涌出来了，眼泪立马就像大珍珠一样直接往下洒。毫不夸张、毫不掩饰，就是大颗大颗的眼泪。她说："我一点都不佩服鲁豫，他一点都不厉害，我也可以继续挑战得到10分的，老师你偏心。"说完又伤心地流泪了，这种情况在当时我是始料未及的。于是我和鲁豫爸爸赶紧安慰她。告诉她陈鲁豫小，咱们就让着他，没想到她更伤心了，她说那就更应该公平了。事后，善良正直的鲁豫爸爸不想让小徐徐伤心，便让小萌娃鲁豫给小徐徐姐姐道歉。结果小萌娃说了一句："我没做错什么啊！"真是够萌。

那天，她哭得很伤心。没打招呼就哭着回去了。一想到第二天还要去农场采摘葡萄，让孩子连个好心情都没有，真是过意不去。晚上我想给徐妈妈打个电话问问她的情况，但转念一想，今天还是别打了，要让她明白即使受到点"委屈"也要学着在公开场合控制好自己的情绪。我想明天看到她的时候再安慰。那天，小徐徐给我们上了很好的一课。以后的课堂，我们一定要注重孩子眼中的公平，不管对哪个孩子，他们都是一样期待被肯定的。

这件事情导致的直接后果是小徐徐在以后的课堂上不太待见鲁豫（玩笑），她还公开说我就不选鲁豫。私下问她，她说他已经有了那么多粉丝了，我不投了，我要投给最需要的人。当然，我们呆萌无比的鲁豫从此之后却开始更注意自己的言行了，他甚至有意无意地帮助小徐徐。这在后面的课堂里体现出来。

因为小徐徐在"古文大观"那一周的出色表现，大家都对她很佩服，甚至很多人说喜欢小徐徐，小徐徐真是充满才情，每天的得分很高，有时一节课要得到 10 分左右的赏能卡，这在小作家之中是极其难得的。住的极远的她几乎每天都来得很早，就想早早到课堂上。她几乎得到了大家的一致认可。于是，我们打算展开一场针对小作家的集体辩论赛。原本以为小徐徐会很高兴地加入到辩论中，因为每一次上台演讲她总是很积极，对自己充满自信，只要是古诗词背诵她都会敢于挑战。所以，我们期待着她的加入。为了给每个孩子表现的机会，赏能课堂会随时选择让当堂表现最好的同学担任队长。所以，戴嘉和二年级陈鲁豫出任了两个辩论队的队长。结果小徐徐又大声告诉大家，她是不会加入到辩论里的。

这时候，我们有点无奈，但想到小徐徐一直是很不愿勉强自己的。便建议大家来投票表决看看是否愿意让她来做辩论赛主持人，结果善良的陈鲁豫第一个举手（后面发现她对鲁豫的态度变得极好）。于是，在一方缺少了一名辩手的前提下，辩论赛要展开了。既然她不配合别人，现在该她体会别人如果不配合的话是什么感受了。我们当时想，让小徐徐感受一番，说不定后面就会改变自己，于是将计就计。我告诉小徐徐，现在她是主持人，"整个课堂要交给你了，你来主持吧。"说着就要退到一边去。看到她突然脸红了，她说她还不太会主持，该怎么主持。我故意激她："是你自己说不辩论，要来主持的，你自己看吧！首先作为一个优秀的主持是可以控制住场面的，你看看大家，现在你先让大家安静一点吧。"看得出她很局促，因为她不知道该如何让大家的声音小一点。但显然她自己安静下来了。

后面的辩论赛进行得很是顺利，大家发言很是积极。很多次其他同学都没有机会发言，看到小徐徐自己站起身说："某某，你坐下，让另一个同学发言"，"某某，你不要动桌子"，"某某，你的坐姿不好，要看着对方"。这个辩论赛中，她自己的坐姿是在赏能课堂里最好的一次，一次完全没有别人提醒的主动自我约束行为，真是难得！辩论前，我告诉她："要认真听每一位同学的发言，等下你要点评。另外，作为主持人，你要时刻关注到每一位同学，如果有人没有发言，你要发挥作用，让大家都加入到辩论中。"这些她都做到了。看得出，她非常开心。辩论赛结束后，她点评了最优秀的辩手，对每一位同学都提出了意见，大家都很是认同。随后，我们让同学们对小徐徐的主持做个点评，大家给出的答案是：非常好！她又一次低下了头。最后，顺势引导，我告诉她公开场合一定要在意别人的感受。今天大家照顾了你的感受，希望以后你也能照顾大家的感受。她点头了，今天这节课真是不容易。

课堂结束后，我也在想，一般情况下，教育者遇到这种情况会简单粗暴地阻止，不会给这试图"挑战"规则的人机会，但在赏能课堂中，大家的善良和热情使我们学会了放下偏见，愿意真心呵护每一个孩子的成长，我们尽最大可能地尊重了她的要求，不止一次，她也渐渐地回馈了我们。

记得那天放学走的时候，孩子们都很开心，小徐徐和董书宁几个孩子说："今天真是太开心了，太爽了！"我们想今天小徐徐收获了尊重，她自己肯定会有所感受的。

接下来的每一天，除了对长篇小说创作存在困惑外，她的规则意识较之前有了显著的提高，开始和大家一起分享进步的每一天。甚至有时候如果她要迟到几分钟都会提前半小时打电话给老师，她希望自己留给大家的印象是最好的。老师和同学们也给了她最大的鼓励，每天的进步之星，最佳坐姿都会提名小徐徐，因为我们知道这个看似自信的孩子内心并不自信。她太容易羡慕别人了，太容易"嫉妒"别人了。

她也变得更加努力，更加用心，每节课上都要创作三首以上诗歌，上传文章很是积极，几乎总是第一名。这些改变的背后是她逐渐树立起来的自信，她开始重新认识自己，重塑自身形象。这对一个成长中的孩子来说，真是一件幸福的事情，有那么多热心的人们关注着她的成长，她的进步。

有一天，我告诉大家："现在该到了提升自己长篇作品的时候了，每个人都要定下目标，让自己的小说成为小作家们学习的文章。"小徐徐大声说："老师，我真的不会写长篇。"说着说着还哭了，说自己"讨厌"董书宁，她什么都会，甚至连她一向引以为傲的绘画董书宁也开始学习了，很是伤心。那天我告诉她不要伤心，有人需要更长的时间来适应，每个人都不一样，你擅长的是诗歌创作，别人却需要更久的时间。她哭得更伤心了，她说："董书宁也会创作诗歌。比我来得晚的人都会写长篇了，甚至写得比我还要多。"这让我们几位老师很是感慨，孩子的内心如此单纯，如此渴望得到肯定。而我们如果不理解他们，一味地从自己的立场出发，很可能这个孩子因此被我们冠以"坏孩子"的标签。所以，我们要拒绝一切标签，从内心去感受，每个孩子都是不一样的个体，要做到充分尊重他们的个性。

写到现在，想跟大家分享的是，小徐徐的改变还在路上，可能还要花更大的精力和耐心，但最重要的还是要将心比心，走进她的内心世界，去关心她所关心的。毫无疑问，她是那种聪慧的孩子，她有一般孩子不具备的敏感，现阶段她"写不出"长篇作品来，只有一个原因：对自己不够自信！她只是想跟别人不一样，当她下定决心要来创作某个话题的文章时，她最先关注的就是有没有人写过类似的文章，如果有她就不写了，因为她不想跟别人一样。这点是她的特别之处，也是改变她最困难的一点。是什么使她如此想与众不同？在小说写作方面，她已经相当优秀了，却还是对自己充满怀疑。这是赏能要解决的问题。

每个孩子都有自己的个性，发现它并加以引导，这将是使每个孩子变得与众不同的一把钥匙。只是大多数时候，我们太想跟别人一样，于是隐藏自己，渐渐变得"合群"。当孩子还是个孩子时，正想释放自己的个性时，这种个性带来的不那么合群的光芒受到了大多数人的责难，以至于个性趋于共性。赏能教育致力于保护好每个孩子的个性，这需要更大的爱心，任重道远！

（小徐徐今年已经上初中了，她还是那么精灵古怪，热爱着自己的国画和书法，尽管没上什么补习班，但她的成绩很好，而且还能在每天晚上九点半前睡觉，这对一名初中生来讲并不多见。她还是那么爱读书，那么爱笑爱哭，随着书中人物的欢乐起伏。）

[附] 小徐徐课堂上即兴创作的一首小诗和一篇随笔：

知道与不知道

我知道有万有引力，
我知道地球既自转又公转……
我知道人类对宇宙还有很多"不知道"。

我不知道宇宙到底有多大，
我不知道太阳是否也在公转……
我不知道很多，但我都"想知道"。

我想知道宇宙里到底有多少星球，
我想知道宇宙到底在哪里……
我想知道很多，因为我有很多"不知道"。

知道了才会有新的不知道，
不知道才会有想知道，
想知道才会有知道……
不想知道未知的事的人，
一定不会有美好的未来！

无我故我在——《烦恼都是自找的》读后感

无我，不是没有自我，而是以智慧照破了心识上执着的我。你无法改变现实，但你可以改变态度。放弃我执，就可以做到无我。

我执，就是一切以自我为中心，执着于自己的感受、想法、面子，时时刻刻在意"我"、保护"我"、追求"我"的凸显，由此产生种种对立、烦恼。以执着心对无常事，是痛苦的根源。

春夏秋冬的变幻，不是太阳位置在变，而是地球的位置在变；芸芸众生，因缘交错，人情冷暖，世态炎凉，也并不是外境带来的，而是取决于我们的心。

放下心中对自我的保护，才没有委屈。虽然你不会样样顺利，但你可以事事尽心。做不好也不要紧，只要你不活在别人的看法里，你就会快乐。

快乐也不只在顺境。顺境时收心，逆境时放心。处顺境时心要收敛、内省，不可骄慢、轻狂；处逆境时，心要放松、坦然，不要压抑、低落。在顺逆中磨砺，慢慢成就一颗胜不骄、败不馁、云淡风轻的平常心。

有了这颗平常心，才算真正放弃了我执，做到了无我。正因为无我，"我们"才能更好地存于世上，更快乐地存于世上。

9. 优秀孩子不是教出来的

教育者一定要让学生体验到学习一定是一种严肃的、刻苦而持久的劳动，这种劳动没有紧张的思考是不可能的。

——《给教师的建议》

当下的教育还能不能培养出具备独立思考能力的孩子？小学六年到底学什么？在通往通识教育的路上，我们可以多做点什么？

为此，我们做了一系列探索，从小作家118动态监控指标到"秘密花园"，众多细节的背后都在反映优秀者之所以优秀的深层原因，结合小作家队伍中几位优秀孩子的学习成长经历，大家可收获更多的启示：

叶妈妈：

从自身工作经验中体会到阅读积累的重要性，下定决心让孩子在阅读方面做到厚积薄发。

1. 早期引导的重要性。叶同学七个月大时，叶妈妈便开始让她听大量故事。一年听坏几个"面包机"是非常正常的。就是这最早期有意更似无意的引导，让孩子对很多知识怀有浓厚的兴趣。

2. 培养良好学习习惯的重要性。英语也是每天听，在车里、在回家路上，培养了很好的语言环境，等到上学识字时，阅读习惯已经养成，最幸福的事情就是阅读。视野的开阔使得叶同学对所有学科都感兴趣。

3. 高远的志趣。当然了，如果您想让孩子自小有高远志向，家中可不能少了关于介绍世界名校的杂志，叶同学自小就有了自己喜欢的大学，绝对是世界顶尖大学。目前她成绩优异，不少科目免考，正一步步走向自己的理想大学。

郭爸爸：

1. 充分尊重孩子的选择，父母言传身教，以身作则。小郭的父母严于律己，孩子自然低调温和，处处显示出良好的教养。

2. 尽一切可能创造孩子需要的条件。小郭在学习上从来都是积极主动的，作业很少有拖拉的现象，学习上遇到困难也是自己解决，所有课外学习的选择都是他自己来定，但选择了就一定要坚持。

3. 摆正心态，目标放得更长远。不要求孩子怎样，让孩子自己去感知、去体会，成为一个有修养的人，成为自己想成为的人。

张妈妈：

1. 夫妻双方在教育孩子方面要达到和解，态度一致，不使孩子感受到分裂。

2. 理解包容，无为而治，相信孩子。张爸爸起初主张让孩子自由学习，自由发展，而张妈妈认为孩子小，父母需要做些干涉，但夫妻双方教育理念的不一致会导致孩子出现新的问题。后面，张妈妈渐渐尝试接受张爸爸的建议，孩子正在一步步走向进步，能站在同学的立场主动为同学考虑。朋友的修正带被人弄坏，她担心这位朋友严厉的妈妈批评朋友，便用自己的零花钱给朋友买了修正带。

高爸爸：

1. 家长和孩子共同学习。小高同学今年刚从安徽转学来到南京，高爸爸想趁周末带他去公园玩玩，他拒绝了并提出要去南京图书馆看书，那里有更好玩的世界在召唤着他，很大程度上这得益于小高善学乐学的积极态度。

2. 培养孩子良好品质，塑造孩子的独立人格。高同学出门从不带钱，父母给他钱，他觉得自己用不到。这点让高爸爸极为担心，孩子如此单纯，长大后进入社会能适应吗？王立宏院长给出了解释：一个人学坏很容易，学好不容易，现在种下善良的根，将来面对的更多是好人世界，身边都是好人。

3. 家长要摆正心态，静心，不要急于求成。

茂恒妈妈：

1. 做人在成才之前。

2. 感受幸福的能力。茂恒洗澡时总是唱着歌，讲笑话时还未开始便把自己逗得哈哈大笑，他是发自内心拥抱快乐的孩子。

小熊妈妈：

1. 父母在孩子成长过程中，要比孩子走得更快。小熊妈妈是小作家中最热心的家长，她热情善良，乐于分享，总是向身边朋友分享传递最好的东西；平时自己工作很忙，但依然坚持学习，不管是写日记还是参加各种学习讲座，她都是最投入的。她的付出与爱，让小熊更能时时调整自己的状态，勇于坚持。

2. 为孩子创设更好的学习环境。

3. 良好品格的养成。小熊是小作家中最有绅士风度的小作家，他善良真诚，眼睛里面总是充满热忱，看到书柜里书倒下来，马上买个书立去撑起来。他的眼睛里总是在发现。

黄妈妈：

1. 要求孩子做的父母必须做到，让孩子明白做事的基本要求。小黄从一年级开始自己制定学习生活计划，井井有条，有始有终，养成了独立自律的好品质。

2. 爸爸和妈妈分工不同。爸爸一定要珍惜和孩子一起成长的机会，从心里关心孩子，重视孩子教育问题。

3. 注意孩子的情绪变化。孩子也会遇到困难，这时候父母就是孩子的港湾，我们要聆听孩子的故事，帮助他一起去面对困难，找到解决问题的方法。

陈妈妈：

1. 拥有真才实学；让孩子做一个真实快乐的人。他拥有良好品质，掌握更多的知识。这是一个思想境界很高的小作家，潜力无限，平时有自己的"探究"话题，比如，苍蝇在匀速上升的高速电梯里会怎么飞等，就是这个四年级孩子时时思考的问题。

2. 拥有独立思考能力。小学六年的学校教育真正要教孩子什么？绝对不是教学大纲里的那些知识，其实，更多的东西需要孩子独立思考，但是，有多少孩子具备这项能力？

真正的牛娃具有以下共性：①强烈的求知欲，喜爱阅读，阅读面广泛；②优秀自律的父母影响下养成的独立、善良、谦和的品行；③相对宽容自由的成长环境下具备的独立思考的能力。

不要用别人家的孩子对比自己的孩子，因为我们自己不愿意拿别人跟自己比，每个家庭都有自己的家庭文化，只要对孩子成长有益，这就是最好的家庭教育，不用刻意教什么，孩子远远超出我们的预期。

10. 规则意识让孩子走得更远

赏能视点：儿童健康成长的沃土就是对规则的敬畏的意识。有些规矩需要重新去审视，有些规矩也许不符合年龄的规律，不符合成长的天性，不符合时代的规律。但可以肯定的一点是，规则意识永不过时，厚德才能载物！

提到规则意识，赏能小作家的家长们都不陌生，基于对孩子成长基本规律的认同感，越来越多的优秀家长开始走进赏能小作家这个群体。我们也很欣喜地发现，接受过赏能教育法熏陶的孩子在一个群体中就是有一种独特魅力：他们阳光热情、充满活力，不管在任何环境下，都能很好地和他人相处，甚至成为人群中的焦点。探寻根源，一个能让群体变得优秀的秘诀就是赏能小作家们对规则意识的敬畏并不断践行。

什么是规则意识？规则意识是一种发自内心的、以规则为自己行为准绳的意识。我们身边很多人都有一些关于遵守规则方面的知识，并且发自内心想要去遵守并执行规则的人很多，这构成了主流社会善良、合作的价值观。但我们也发现，每个行业里总有一些"边缘人"在不断挑战规则，他们认为规则是用来约束别人的，跟自己无关。只是近期以来听说的挑战规则的事例就有不少，前有无理乘客对孕妇售票员辱骂欺凌，后有北京野生动物园女游客被老虎袭击一事。总有那么一部分人对自己格外"开恩"，做着那些损人不利己的事。这些事件背后折射出的还是少数群体对规则意识的漠视，每个人的原生家庭不同，我们也很难去评价别人的对错，但至少有一点我们能够做到：培养我们的孩子做个有规则意识的人！

回归到赏能小作家这个群体里，很多孩子非常优秀，他们是各个学校里最出色的孩子，进入赏能后，他们除了对自己本身更加自信外，也在渐渐变得更加宽容。每个人都能接受不同的观点，并不断去理解别人，同时尽自己的努力去帮助别人。众多孩子成长得越来越优秀，跟他们对规则的敬畏是分不开的。作为赏能老师，很希望更多的家庭能够培养出这样优秀的孩子。下面我想从三个方面谈谈规则意识是如何影响孩子并使之变得更加优秀的。

（1）孩子的精神状态反映出家庭的规则意识

一个孩子良好的坐姿、走姿都是其精神状态的反映，而良好的精神状态却是一个孩子规则意识的体现。有的孩子阳光向上、热情主动，一眼望去就觉得这个孩子像快乐的天使，这样的孩子走到哪里都能收获大家的爱护。这种高贵大气的气质很大程度上来源于孩子生活的原生家庭——低调谦和的父母培养的孩子平和宽容；热情阳光的父母培养的孩子主动真诚；还有那些总是朝气蓬勃，甚至有点"没心没肺"的孩子，他们从父母那里得到了足够的爱、足够的信任。所以他们成长的空间相对自由，他们的眼神里流露的是快乐和幸福！每每看到这样的孩子，我们总是为这些孩子感到幸运，他们拥有多么优秀的父母啊，是父母给了他们这些宝贵的精神财富。

同样，最让人难过的就是看到一个个孩子眼神涣散，对所有的事都表现不出热情，小小年纪就表现出一副老气横秋的样子，让人看着有些心疼。问这些孩子觉得最幸福的事是什么，很多孩子会说没有什么值得开心的事。作为一个孩子，阳光向上的精神气好像早已被磨平。

为孩子不忍的同时有些不平，为何原生家庭精神生活的贫瘠要影响孩子的一生，甚至在孩子将来成年时，也会传递给自己的下一代，父母精神生活的再建便成为赏能老师关注的又一个重要方面；于是，每次课堂结束时，我们尽量会多和有需要的父母做些交流，让父母们意识到一些对孩子成长不利的因素，并找到解决途径。各位父母们，如果我们有幸还能为孩子成长发展提供一些小小的建议时，希望大家能够和我们一道，关注孩子的精神状态，看看孩子的精神面貌，别让孩子过早地失去很多美好的感悟。相信每位父母都希望自己的孩子将来能够独当一面。从现在起，最简单的做法就是树立起我们自身的规则意识，让孩子以父母为榜样，让他们感受到来自家庭的独一无二的精神力量。

曾经有一位二年级的孩子，他的精神状态可以用一个"躁"字来形容。虽然他只参加了赏能为期一周的集训课程，但这个孩子让我们经受了很大的考验：几乎这个孩子走过的地方都能留下"痕迹"，所有能动的东西都会被打翻！为了让孩子慢慢融入群体，我建议孩子的妈妈尽量让孩子在公开场合约束一下自己的行为。孩子妈让我举个例子，我说："比如别人演讲时，他几乎很少在座位上坐着，从来都不听别人的演讲。"结果孩子妈妈反问我一句："老师，相信你也听过某些无趣的音乐会或者演出吧，如果我儿子不听，肯定是因为他觉得没意思啊！"听到这我便明白过来了，对别人没有宽容之心，总在挑剔别人的家长培养不出有规则意识的孩子，她缺少了对儿童的爱护心理，这位妈妈太过于成人化的视角让自己孩子的世界变得很小，甚至孩子将来也许连家人也装不下。

透过孩子，我们可以看到一个家庭精神生活的全部。原生家庭很难去改变，可我们现在就是自己子女的原生家庭，我们必须去改变自己。

（2）规则意识让孩子更有担当

赏能优秀学员小翟的爸爸翟博士在我们的"大师讲堂"课上跟赏能家长们分享了国防教育对孩子成长的重要性，讲座让很多听过的人感受颇深。翟博士提到培养孩子的大爱情怀，于家于国都是有百利而无一害。让孩子拥有全局观，能够学会主动思考，有判断力，并能对自己负责，培养孩子的责任感，让我们感受到了国防教育对孩子成长的非凡意义。

一段时间以来，我们一直为少数孩子身上存在的各种在赏能看来不应该存在的问题困惑：有的孩子在公开场合毫无公众意识、肆意妄为；有的孩子对荣誉感、团队意识毫不在意、在一个群体中参与意识很弱；有的给别人的评价都是消极负面的，几乎从不赞美别人（不会赞美别人的人本身很难收获赞美）；有的孩子甚至还有轻微的暴力倾向，他们内心相当脆弱，只要一言不合马上就会做出让大家难以理解的举动……这么多的个性问题，有时一个孩子可能具备以上所有问题。在赏能小作家这个群体里，这些问题都是阻碍孩子变优秀的因素。有些孩子觉得父母根本不爱自己，只是在关注他们的成绩；没有人在意他们的感受，因为大人总有足够的理由证明自己更辛苦。有些孩子则相反，他们的眼里唯我独尊，被父母和家里的老人宠溺到了极度，根本不需要做任何努力就能得到自己想要的东西。有些孩子天性相对敏感细腻，父母和学校长期给予的荣誉感压力让这些孩子失去了自我，他们的生活里除了学习，好像不会再有其他重要的事情了。

为了帮助孩子们改变自己，赏能老师们会集中阅读心理学书籍，希望能为孩子找到解决途径：我们发现不安全感、自我认可度低、畏难情绪等等都是孩子放弃自我的原因，但这些因素几乎都跟一样东西相关——规则意识的缺失！树立规则意识，成为赏能小作家们重要的一课。

于是，赏能课堂上的每个教学环节都给了孩子足够的信任，在他人演讲时，大家需要认真聆听，并由演讲者挑选出听得最认真的同学来参与点评；在团队辩论时，为了让大家感受到团队合作的意识，如果自由辩论阶段有一位同学不发言，也许整队就要扣分；在作品创作时，大家需要保持绝对的安静，因为这是一个公开场合，每个人的言行都不能给他人带来不便。所以，我们能看到很多孩子们轻声关门、相互协作、主动帮助别人。

正因为这些细节，这些规则意识的影响，在赏能课堂上，几乎每个孩子都能感受存在的意义，并努力为这个群体带来荣誉。久而久之，孩子们开始变得越发主动，只要有演讲或者辩论赛，每个人都能花时间和精力去认真准备，因为大家定义自己为优秀者，很多孩子开始变得更加有担当意识、更有责任感。对自己的学习能够更加主动，甚至对自己拥有的生活产生幸福感；这些改变我们想都可以一个词来涵盖：规则！在这里我跟大家分享个故事：

有一天，当大家集体讨论到规则意识时，我告诉孩子，"当我们在公开场合时，我们的言行举止都不能给别人带来不便甚至困惑，比如大家每天来上课时的关门，有些人关门时总是非常轻声，生怕影响别人，而有些人即使有人提醒他开关门时声音小一些，还是很难做到，他们的意识里缺乏那种为别人考虑的想法"，说到这时，很多孩子非常认可地点头，尤其是热情主动的 D 同学。D 是一位四年级的学生，从他的眼神里我们就能判断出他是那种阳光自信的孩子！

在赏能为期七天的夏令营里，宽容善良、主动热情的 D 用他的个人魅力赢得了大家的喜爱，他几乎能和所有人相处，且对别人非常宽容，好些孩子在夏令营结束时都跑去问 D 的联系方式，这就是个人魅力。之所以提到 D，因为他就是在听到课堂上提到开门一定要小声时，从此都能做得最细心的人，遇到其他班的孩子大声开关门，他也会主动跑过去说，开关门一定要小声一点！瞧，这就是一个孩子发自心里的自我约束意识，他的潜意识里有为他人着想的善良，也有主动为他人提供帮助的热忱。

（3）规则意识保护我们的孩子走得更远

在我们提到规则意识时，一些人觉得规则意识是对孩子天性的约束，规则就是条条框框，甚至认为规则是为他人制定的，跟自己无关。要知道规则跟规则意识完全是两个概念，知道过马路不能闯红灯，知道要乐于助人，也知道要善待服务行业人员，知道要排队……但往往当我们置身于大环境时，我们的言行举止有多少使别人感受到舒服呢？

一个暑假，我接触到了一位二年级的小作家 G，课堂上的她几乎很少主动发言，有时在大家的鼓励中，她勉强站起来，但好几分钟都说不出一个字来。起初孩子们会催促，甚至轻微责备，但当大家讨论过规则意识里有尊重他人这一点后，大家变得非常宽容，几乎每个孩子都在告诉老师："老师，咱们给 G 一些掌声吧！""咱们再等会吧，咱们让 G 想一想吧！"这让我深受感动，孩子的天性都是善良宽容的，当我们给孩子传递了这样的价值观时，孩子自己本身也会去影响身边的人，这就是规则意识最大的魅力——植根于内心的修养！

儿童的天性里有率真、有真诚、有爱心，规则意识会让孩子产生敬畏之心，心存感恩。它不是约束、不是压抑，它的深层含义应该是平等、宽容与尊重。接触了那么多优秀家长，让我们感受到规则意识也有更深一层的意义：任何时代当我们能够敬畏规则时，规则反而在保护我们，它让我们精神更自由，我们开始渐渐体会到另一种愉悦体验——平和。很多事发生时，我们都能站在不同的立场上去思考，并学会用辩证的方法来处理事情。于是，好运气渐渐向我们靠近。

朋友们，如果您拥有一个可爱的孩子，请一定要告知他一些起码的规则意识，让他走到哪里都有生活的底气和做人的正气；如果您拥有一份事业，也请珍爱并崇敬这份事业，敬业和责任感是规则意识带给我们的另一种品质，它会激励我们身边的每个人更加向上。当然，或许我们跟大多数人一样，过着平凡的每一天，那请我们感恩生活吧！是更多服务行业的人，让大家感受到了国泰民安的幸福。

当我们看到自己身边的孩子，自己身边日益完善的各种公共设施时，我们的心里燃起的难道不该是感恩之情吗？当我们带孩子到公共场合使用一些公共设备时，我们应该怀有主人翁的意识，所有的公共物品都该受到我们的保护。唯有如此，我们的孩子才会真正拥有同理心，才会有幸福感。从小处着眼，一个家庭从此会变得更加幸福。从大处着眼，每个家庭的幸福能促使一个民族的富强，会蓬勃一个国家的志气。

BBC 曾经播放的一套纪录片《我们的孩子足够坚强吗》引起了很大反响，并且掀起了一场有关中英教育方法优劣的大讨论，建议所有没看过视频的家长们去关注一下。由于文化和价值观的差异，中国本土优秀的老师在英国这所试点学校采用中式教学方法时，处境让人堪忧。在英国学生眼里，中国老师无趣，尽是条条框框，让他们对课堂毫无兴趣，但是最后中国老师的教学还是赢得了大家的认可。2016 年 7 月中旬，国内各大媒体都报道了英国已有八千所学校采用中式教学方法教数学的新闻，"枯燥乏味"的中式教育和中国老师，凭借什么超越了英国本土教育方式，大家一起去探寻答案吧！

"在成长中养护天性！"而我认为儿童健康成长的沃土就是身处敬畏规则的群体下！有些规矩需要重新去审视，有些规矩也许不符合年龄的规律、不符合成长的天性、不符合时代的规律。但可以肯定的一点是，规则意识永不过时，厚德才能载物！

11. 好的老师通过阅读发现孩子的个性

张光鉴教授（钱学森助手）在关于《相似论》的概述中提到，"人类的遗传基因大同小异，是相似的，但在不同的自然环境、社会环境、家庭环境、学校环境（即不同的课堂教学环境）中，在主体与客体的交互活动中，每个人在工作、生活、学习、经验中所获得的信息组块（即相似块）是不一样的。正因为这个相似块存在着明显差异，所以它必然会造成各种各样不同于其他人的特定的某种相似性。这就是形成个性的最根本、也是最核心的原理之所在。相似的基因，还要在较好的相似环境和较好的相似条件下，相互匹配，才能产生较好的教育成果。"从赏能教育法的实质出发，强调了优秀孩子的"优秀因子"具有相似性，赏能营造的和谐氛围更是创造了一种相似环境，使孩子们彼此之间更加优秀，相互影响。

学校的显性教育对个性培养有作用，但却是有限的。学校教师要在培养个性上真正取得成效，就必须和家庭、社会乃至于与当地的自然环境高度地协调、配合。在培养个性问题上，有两种倾向值得注意：一种倾向认为个性就是个人的独特性，应自然发展，不应受到外来约束和影响；另一种倾向认为个性与群体的共性是对立的，要培养个性就要少讲共性。这两种观念与说法都是不全面的，都是误区。

同样，家长对孩子的引导也是非常重要的，借用陈鹤琴在《家庭教育》一书中的观点：积极的暗示比消极的命令更有效！不管孩子的现状是什么，我们都应该以一种平等的心态去面对。

目前，大多数孩子的阅读存在两个方面的瓶颈：一是阅读面窄的问题；二是阅读质量不高。阅读面相对窄跟孩子的阅读能力有关系。很多孩子只喜欢看某种类型的书籍，甚至只喜欢看漫画书。有家长朋友给出了他的建议：作为家长，我们要鼓励孩子多问问题，帮助他一起找答案，不能简单地打断孩子的话；作为孩子，要养成好的学习习惯，做到家长在或者不在表现都是一样的，要有基本的规则意识。就阅读质量问题，主要反映出部分孩子看了很多书却写不出东西来、只看不读，使得考试时审题不清楚，常常失分。孩子的成长伴有各种挑战，一定要让孩子自己去主动承担并分享一些事，不能纵容孩子，一定要有一个"度"，老师和家长尽可能给孩子自由的空间，不能只关注孩子生活的方面。

如何引导孩子阅读，老师和家长可以从这几个方面着手：

1. 如果时间允许，尽量每周在家里有半天的读书分享会，不仅要大声读出来，父母和孩子也应该彼此交流观点。此经验来自于一位优秀的班主任，他的孩子读初中时成绩稳居年级榜前几名，这种读书方法非常有效，初三毕业时，这个孩子被西交大少年班正式录取。

2. 第一条如果做不到，至少保证孩子看的每本书家长是知道大概的，一来便于和孩子有话可说，二来知道孩子目前在读哪些书。大致了解孩子的心理动向。

3. 如果以上两条都做不到，那这一条就是底线了，至少保证孩子的阅读权利。家长在孩子阅读时至少能做到营造一个好的阅读环境。

有效的沟通，能增进孩子和家长的感情，阅读就是最好的纽带，拓宽了知识面的同时，还帮助每个家庭营造了一种更和谐的教育环境。在引导孩子阅读上，没有捷径，早期阅读习惯的养成就是良好学习习惯的开端。

在阅读习惯的养成上，以下两个误区要注意：

1. 为了阅读而阅读。有些孩子为了逃避作业、不愿意和父母多说几句话就处处以书为挡箭牌，这点不妥。时间意识一定要养成，合理规划时间，自主做好有限的工作是阅读的前提。否则，阅读再多，习惯还是没有养成。

2. 阅读的无目的性。有些孩子看了许多书，但真正能分享或者记得的就很少了，针对这种孩子，父母一定要静下心来，想想适合孩子读的书有哪些，有目的的交流显得尤为重要！因为孩子的时间非常宝贵，在适当的年龄遇到一本好书可能会影响孩子的价值观。

每个成才的孩子都是有自己的个性的！因材施教，在阅读中发现孩子的内心，感受他们的精神世界。

12. 热情使各项工作事半功倍

苏霍姆林斯基在《给教师的建议》中提到，让孩子主动学习，就是要发展孩子的智力背景！让儿童在探求知识的过程中充满期待、拥有力量。在这里我们要提到的是根据孩子们在赏能课堂上的表现，我们相信每个孩子都能学好，但反映到学校教育中的评价体系——学习成绩上来看，结果并不能尽如人意。这就是我们想要跟大家分享提升孩子学习能力的主要原因。影响孩子成绩的最根本原因就在于：孩子对周围世界是否充满热情！

作为家长，我们要时刻注意跟孩子建立真正的精神关联。我们要始终铭记：对学业成绩的评定，并不反映对儿童道德面貌的评定。

大多数家长在孩子成绩平平时，总是习惯寄希望于外界，因为大多人都这么做，繁重的课外补习让原本对学习并不感到轻松的孩子更加烦恼了，许多孩子精神状态越发不好，几乎能看到一个惯性：成绩越不好的孩子的父母越喜欢报班，越报班成绩越不好。但这个做法能安慰大人的内心，他们可以把责任从自己身上推开。

作为教师，要培养并爱惜孩子的荣誉感。从孩子们日常生活的每一个细节着手，让每个孩子都能有机会表现最好的自己，并有不断进步的空间。从这个过程中体会到成长的意义、知识的作用，使知识始终处于一种运动状态。如此下去，每个孩子的智力都在得到不断发展。

良好的群体环境强调规则意识、团队意识，让大家在集体中体会到尊重与被尊重，让每个孩子的眼里都能看到别人，认识到他人的重要性。如此下去，这个孩子将能获得更加全面、综合的视角，对培养他的胸怀和格局都大有裨益。

在赏能的课堂上，写作是工具，每个人都有权利写下自己心中所想，老师能从孩子关注点看到这个孩子的内心世界。因此写作初期，文章质量不是重点关注，更重要的是写出来这个过程，让孩子认识到自己可以写出来，这就够了。但也有时候，一些父母总是忍不住把自己的观点一股脑抛向孩子，直接说他写得不好，没意思，人的潜意识里对否定有排斥感，一些脆弱的孩子干脆就不写了。最后你会看到，那些文章越写越有意思的孩子，他们的家长都比较开明。他们坚持阅读孩子的作品，并用积极的暗示肯定孩子的付出。

作为孩子，每个人有不同的潜力，只是表现在不同方面。每个人根据自己所处的环境和阶层，定义自己认为重要的东西，这是眼界和思维方式决定的。有时候，有的潜力还未表现出来，就被扼杀在了萌芽中。而出色的孩子身上，都体现着这几样共性：

（1）宽阔的胸怀。

愿意帮助别人，也善于学习他人优点。古人云："君子贵在德行。"出色的小作家首先应该是德行出众的，以德服人。德行永远走在成绩之前。赏能课堂强调的谦让、协作、温和都是对一个优秀小作家的基本要求。很多孩子善良正直、谦和诚信，成为众多小作家的榜样。善良真诚的 YL 就是这样一个孩子，在课堂上，只要是组队需要给别的队打分时，善良的他总能先看到别人的优点，并尽量给每个人高分，从内心肯定他人，帮助他人成长，从而收获了更多的友谊和认可。

（2）独立思考的能力。

学习的过程就是不断探索的过程，在途中会遇到各种困难，但只要善于联系、善于思考，并主动找寻解决问题的方法，就一定能收获真知。这种孩子的学习成绩自然一直傲居群雄，因为在他们的思维里，知识真正处于运动的状态。

（3）健康的心态。

一个人一生能否成就一件事，往往在于坚持。究其根源，很多时候导致一个人失败的并不是能力问题，而是患得患失的矛盾心态。

只有当教育者和家长注意到孩子的精神需求时，这个孩子与周围世界的联系才能建立起来，孩子的学习能力才能得到发展。

附　录

附录一　推荐给教育者的十本书和十部电影

陈鹤琴：《家庭教育》

陈之华：《芬兰教育全球第一的秘密》

[前苏联] 苏霍姆林斯基：《给教师的建议》

[美] 罗恩·克拉克：《罗恩老师的奇迹教育》

[英] 斯宾塞：《斯宾塞的快乐教育全书》

[美] B．T．华盛顿著：《一个教育家的思考》　　　　—

[瑞士] 米勒：《天才儿童的苦恼》

[美] M．斯科特·派克：《少有人走的路 心智成熟的旅程》　　—

[美] 蔡美儿：《虎妈战歌》

[美] 威廉·德雷谢维奇：《优秀的绵羊》　　　　　　　—

《卡特教练》

《弱点》

《地球上的星星》

《面对巨人》

《放牛班的春天》

《骏马奥斯温》

《追梦赤子心》

《叫我第一名》

《三傻宝大闹宝莱坞》

《音乐之声》

附录二 2017 年我的已读书单

A. 传记类：

《杨绛传》《最后的闺秀》《傅斯年与陈寅恪》《王国维评传》《逝年如水》《我们仨》《宋美龄传》《德兰修女传》《向前一步》《勇敢抉择》《奥普拉传》《绝望锻炼了我》《玫琳凯》《奥黛丽赫本》《愿为德国效力》《110 岁的优雅》《可可香奈儿的传奇一生》

《乔布斯传》《比尔盖茨》《李嘉诚》《奥巴马传》《杨利伟：天地九重》《李昌钰：让不可能成为可能》《曹德旺：心若菩提》《可口可乐的奇迹》《王卫》《创京东》《马化腾的坎》《马云日记》《阿米尔汗：我行我素》《稻盛和夫：阿米巴经营》《张亚勤：让智慧起舞》

B. 小说及其他：

《正见》《因果的真相》《好好说话》《好好听话》《烦恼都是自找的》《颜氏家训》

《布鲁克林有棵树》《海鸥乔纳森》《大学之路》《目送》

《文化苦旅》《这么慢那么美》《极简生活》《人类简史》《未来简史》《乌合之众》《叔本华：人生的智慧》《意志力》《影响力》《超越与自卑》《万万没想到：用理工科思维理解世界》《智识分子：做个复杂的现代人》《你其实可以更理智》《拆掉思维里的墙》《崭新的理所当然》《遇见未知的自己》《少有人走的路：心智成熟的旅程》

《基督山伯爵》《天龙八部》《追风筝的人》《偷影子的人》《摆渡人》《瓦尔登湖》《面纱》《狼图腾》《解忧杂货铺》《宫本武藏》《富爸爸穷爸爸》

《西行漫记》《雍正王朝》《六神磊磊读唐诗》《大英历史博物馆：世界简史》《丝绸之路》《南渡北归》《半小时漫画中国史》《巨人的陨落》《世界的凛冬》

《三体》《沙丘》《安德的游戏》《神们自己》《永恒的终结》及阿西莫夫《银河帝国》系列

附录三 2017 年八位高级赏能小作家部分已读书单

赏能小作家分为初中高三个级别。2017 年末，我们对部分孩子的阅读情况做了简单统计。以下是我所教的部分孩子的的已读书单。

对见到这份书单后内心有所波动的爸妈们提个醒：第一，勿怀疑。勿怀疑书单的真实性，勿怀疑人家一年内是否真能读完这么多书，勿怀疑孩子是否读得认真。几十分钟乃至个把小时读完一本书的赏能小作家有很多，其实问问您所在的家长群的伙伴们就能知道，一年能读完这么多书的孩子不是少数。第二，勿盲目学习。不要因此催促你家读书慢的孩子快读，书和书不一样，有的书就是要花大力气读。

四年级的杨知渔读完 494 页的《另一半中国史》（高洪雷著，文化艺术出版社）用时一个月，很了不起。一位姓夏的爸爸每次送孩子来上课，总是在专注地研读厚厚的《几何瑰宝》（沈文选杨清桃编著，哈工大出版社），因为"孩子将要学几何了"，也很了不起。读得快和读得慢没有优劣之分，只要爱读，就不要对孩子横加干涉。最无益的做法莫过于要强迫读得快的孩子慢下来"精读"，还满腹怀疑地时时考考孩子是否读得有效果。或强迫读得慢的孩子"快快快"，不断指手画脚："你就不能读快点吗？""你看张阿姨家小丽读得多块，你就不能向人家学习吗？"说明一下，我们一点也不反对"精读"，而是反对随时抛弃自我，反对囫囵吞枣地邯郸学步。

这里列出书单的不代表是同级小作家中读书最多的孩子，我只是把孩子提供的书单按他的顺序做了罗列。同时，孩子们提供出来的书单，也并非很精确。书单中也许列入了以前读过的书，也可能把 2017 年读过的书未全列入，记忆上的误差在所难免。当初请孩子们提供书单也不是任务，老师在期末课堂上提了一句，有的孩子提供了，有的没提供。对赏能小作家的成长来说，书单只起到参考与借鉴，在成长过程中，按自己的思想画出自己的轨迹才是最重要的。

八位高级赏能小作家2017年已读书单如下：

徐子菡：172 本/套　南京师大附中七年级

高亦勤：162 本/套　南京秦淮外国语学校七年级

黄梓轩：70 本/套　南京翠屏山小学六年级

杨铂阅：60 本/套　南京大光路小学五年级

黄渝进：43 本/套　南京琅小明发分校六年级

熊　睿：166 本/套　南京鼓楼第一中小六年级

邓霁轩：125 本/套　南京东山小学六年级

陈奕名：80 本/套　金陵汇文中学七年级

徐子菡　南师附中七年级

1.《解忧杂货店》

2.《秘密》

3.《中国古代服饰研究》

4.《四季花与节令物》

5.《飞鸟集》

6.《你的第一本哲学书》

7.《我心安处是幸福》

8.《超自然现象大探秘》

9.《爆笑脑筋急转弯》

10.《创意思维游戏》

11.《中华经典寓言》

12.《中华经典典故》

13.《不可不知的中国文学常识》

14.《悖论》

15.《孤独深处》

16.《乐在其中的数学》

17.《让孩子着迷的经典科学游戏》

18.《世界经典趣味数学谜题》

19.《给孩子读诗》

20.《生如夏花》

21.《爱的教育》

静待花开

22.《你是人间四月天》

23.《城南旧事》

24.《追风筝的人》

25.《瓦尔登湖》

26.《十日谈》

27.《我们仁》

28.《偷影子的人》

29.《时蔬小话》

30.《文明的故事》

31.《中国近代史》

32.《成吉思汗传》

33.《民国课本》

34.《繁星·春水》

35.《鸟的天堂》

36.《白鹅》

37.《莫泊桑中短篇小说选》

38.《小坡的生日》

39.《目送》

40.《亲爱的安德烈》

41.《孩子你慢慢来》

42.《做了这些事人生就会不一样》

43.《汤姆叔叔的小屋》

44.《只给女孩看的青春秘密书》

45.《致未来的你》

46.《哈姆雷特》

47.《"课堂上听不到的"系列丛书》（生物传奇/地理传奇/数学传奇/物理传奇/化学传奇）

48.《慈母情深》

49.《梦想家彼得》

50.《棋王树王孩子王》

51.《狼蝙蝠》

52.《狼图腾》

静待花开

85.《阿凡提的大幽默》

86.《唐宋卷中华群星闪耀时》

87.《元明清卷江山代有才人出》

88.《三毛流浪记》

89.《三毛从军记》

90.《三毛百趣记》

91.《三毛新生记》

92.《三毛解放记》

93.《"走进奇妙的几何世界"》6本

94.《每天进步多一点》

95.《"生命的价值"系列》8本

96.《"历史深处的民国"系列》3本（晚清/共和/重生）

97.《三体全集》

98.《捕捉时间》

99.《不怕长不高》

100.《到底有没有世界末日》

111.《数字都是有理的》

112.《我也可以写诗》

113.《天生我才》

114.《人离不开动物》

115.《从皮肤看自己》

116.《担心全球变暖》

117.《男孩和女孩》

118.《植物的智慧》

119.《抵御寒冷》

120.《钱和梦想》

121.《大战聪明的细菌》

122.《你的感觉会上当》

123.《睡眠的奥妙》

124.《穿衣的艺术》

125.《为画画痴狂》

126.《人人都有写作天赋》

静待花开

一

一

一

159. 《谁说了算》

160. 《天才在左疯子在右》

161. 《爱情与金钱》

162. 《苏格兰女王》

163. 《剧院的幽灵》

164. 《傲慢与偏见》

165. 《把人做好》

166. 《把心练强》

167. 《把书读活》

168. 《捣蛋鬼日记》

169. 《孩子，你该如何自我保护》

170. 《"小红豆"系列》6 本

171. 《"中国历史名人传"系列》（4 卷）

172. 《刘墉"给孩子的成长书"系列》8 本

高亦勤　南京秦淮外国语学校七年级

1. 《新语文读本》

2. 《500 个语文故事》

3. 《少年绝地武士》

4. 《"语文报"杯获奖作文范本》

5. 《大猫英语分级阅读》

6. 《海上冒险王》

7. 《弗雷迪探险记》

8. 《男生贾里》

9. 《黑色护卫舰》

10. 《怪医杜里特航海记》

11. 《三体三部曲》

12. 《希利尔讲艺术史》

13. 《希利尔讲世界地理》

14. 《希利尔讲世界史》

15. 《穿越报（1－10 期）》

16. 《历史穿越报（1－10 期）》

17. 《My. Side. of. the. Mountain》

18. 《围棋入门》

19. 《想做好孩子》

20. 《少年特种兵·雷霆行动》

21. 《少年特种兵·无泪伤悲》

22. 《史记故事》

23. 《学生版资治通鉴》

24. 《六神磊磊读唐诗》

25. 《书虫英汉双语读物》

26. 《朝花夕拾》

27. 《华盖集·坟·而已集》

28. 《淘气包马小跳》

29. 《玄奘大传》

30. 《三国演义（毛批本）》

31. 《西游记（李批本）》

32. 《水浒传（金批本）》

33. 《罗伯特·罗素作品集》

34. 《弗朗兹的故事》

35. 《于丹《论语》心得》

36. 《蒋勋说唐诗》

37. 《把信送给加西亚》

38. 《再生勇士》

39. 《伊索寓言》

40. 《飞鸟集》

41. 《园丁集》

42. 《格兰特船长的儿女》

43. 《福尔摩斯探案集》

44. 《话说中国（全套）》

45. 《山居岁月》

46. 《魔戒》

47. 《霍比特人》

48. 《俗世奇人》

静待花开

145.《速记地图》

146.《最佳儿童文学读本》

147.《铁哥们儿擒贼记》

148.《狼图腾》

149.《地球的故事》

150.《不义联盟》

151.《橡树上的逃亡》

152.《不老泉》

153.《文身狗》

154.《苹果树上的外婆》

155.《永远讲不完的故事》

156.《纳尼亚传奇》

157.《森林报》

158.《飞羽天使》

159.《大卫·科波菲尔》

160.《雾都孤儿》

161.《从你的全世界路过》

162.《吴姐姐讲历史》

黄梓轩　南京翠屏山小学六年级

1.《三体系列》（3本）

2.《自然科学向导丛书：矿冶卷》

3.《自然科学向导丛书：天文卷》

4.《自然科学向导丛书：材料卷》

5.《自然科学向导丛书：能源卷》

6.《自然科学向导丛书：化学卷》

7.《袁腾飞讲两宋风云》

8.《袁腾飞·塞北三朝·西夏》

9.《袁腾飞·塞北三朝·辽》

10.《袁腾飞·塞北三朝·金》

11.《雨巷》

12.《小毛驴与我》

13. 《生死场：萧红精品文集》

14. 《乔布斯传》

15. 《荒原追踪》

16. 《钢铁是怎样炼成的》

17. 《奔跑的蚂蚁》

18. 《乌丢丢的奇遇》

19. 《笑猫日记－樱花巷的秘密》

20. 《荷花》

21. 《水浒传》

22. 《高士其科普童话》

23. 《老猴赫尼》

24. 《苏菲的世界》

25. 《费曼讲物理：入门》

26. 《小英雄与老邮差》

27. 《寻找不一样的男生》

28. 《孩子，先别急着吃棉花糖》

29. 《孩子，假如你吃了棉花糖》

30. 《视觉之旅：神奇的化学元素》

31. 《视觉之旅：化学世界的分子奥妙》

32. 《视觉之旅：神秘的星际空间》

33. 《疯狂科学》（3 本）

34. 《寄小读者》

35. 《趣味物理学》

36. 《形形色色的科学－探秘电波》

37. 《形形色色的科学－半导体面面观》

38. 《形形色色的科学－电子电路开心入门》

39. 《中学学科背后的秘密：神奇的物理学》

40. 《中学学科背后的秘密：化学如诗》

41. 《中学学科背后的秘密：数学史话》

42. 《中学学科背后的秘密：透视地理》

43. 《中学学科背后的秘密：我是谁》

44. 《明朝那些事儿》（7 本）

45. 《超级宇宙：难以想象的天文发现》

46. 《宇宙中 100 个令人向往的目的地》

47. 《夜观星空：天文观测实践指南》

48. 《星际穿越》

49. 《化学也疯狂·第 2 版》

50. 《元素的盛宴：化学奇谈与日常生活》

51. 《万物运转的秘密》

52. 《袁腾飞讲先秦，战国纵横》

53. 《拿破仑传》

54. 《南极的斯芬克斯》

55. 《屠呦呦：理想治愈世界》

56. 《一只旧箱子》

57. 《爱的教育》

58. 《中国汉字听写大会》（5 本）

59. 《少年特种兵系列》8 本

60. 《安德的游戏三部曲》

61. 《秘籍－北大奇人怪招》

62. 《巨人的陨落》（3 本）

63. 《给孩子的散文》

64. 《给孩子的动物寓言》

65. 《朱天衣的作文课》（5 本）

66. 《我教儿子学作文》

67. 《六神磊磊读唐诗》

68. 《蛟龙逐梦："蛟龙号"载人深潜器纪实》

69. 《国家名片：中国高铁发展纪实》

70. 《探寻宇宙：现代天文学通俗指南》

杨铂阅　南京大光路小学五年级

1. 《长袜子皮皮》

2. 《淘气包埃米儿》

3. 《小飞人卡尔松》

4. 《绿林女儿》

5.《吵闹村的孩子》

6.《米欧我的米欧》

7.《80 天环游地球》

8.《木偶奇遇记》

9.《亲爱的汉修先生》

10.《稻草人》

11.《假如给我三天光明》

12.《神秘岛》

13.《高尔基童年三部曲》

14.《海底两万里》

15.《小王子》

16.《鲁滨孙漂流记》

17.《格列弗游记》

18.《银顶针的夏天》

19.《吹小号的天鹅》

20.《父与子全集》

21.《草原上的小木屋》

22.《汤姆索亚历险记》

23.《精灵鼠小弟》

24.《怪兽山》

25.《阿贝的荒岛》

26.《丽芙卡的信》

27.《夏洛的网》

28.《伊索寓言》

29.《偷影子的人》

30.《摆渡人》

31.《影响世界历史进程的 100 位名人》

32.《优秀是教出来的》

33.《林汉达中国历史故事集》

34.《雪岗中国历史故事集》

35.《中国未解之迷》

36.《皮皮鲁传》

附录

37.《白杨树成片地飞过》

38.《乌丢丢的奇遇》

39.《小布头奇遇记》

40.《动物植物大百科》

41.《三毛流浪记》

42.《让你跌破眼镜的囧知识》

43.《快乐就这么简单》

44.《放下是舍更是得》

45.《烦恼都是自找的》

46.《天地九重》

47.《三国演义》

48.《西游记》

49.《小水的除夕》

50.《根鸟》

51.《草房子》

52.《细米》

53.《红瓦黑瓦》

54.《青铜葵花》

55.《狗牙雨》

56.《野风车》

57.《你是我的宝贝》

58.《遥远的风铃》

59.《乌雀镇》

60.《山羊不吃天堂草》

黄渝进　南京琅小明发分校六年级

1.《父与子全集》

2.《宫本武藏》（5 本）

3.《半小时漫画中国史》

4.《失落的一角》

5.《青铜葵花》

6.《棚车少年》

7.《天龙八部》

8.《射雕英雄传》

9.《书剑恩仇录》

10.《美国学生世界历史（上)》

11.《简·爱》

12.《城南旧事》

13.《海底两万里》

14.《假如给我三天光明》

15.《哈克贝利·费恩历险记》

16.《哈尔罗杰历险记》（7本）

17.《小桔灯》

18.《六神磊磊读唐诗》

19.《影响人类历史进程的100名人排行榜》

20.《偷影子的人》

21.《史记故事》

22.《三体（1）》

23.《安德的游戏》

24.《天地九重》

25.《名人传》

26.《数独游戏》

27.《放下是舍更是得》

28.《快乐就这么简单》

29.《烦恼都是自找的》

30.《时代广场的蟋蟀》

31.《大数学家（上）》

32.《皮皮鲁传》

33.《伊索寓言》

34.《斑羚飞渡》

35.《鲁西西传》

36.《小牛顿科学馆》（全60本）

37.《小飞侠彼得潘》

38.《昆虫记》

39.《稻草人》

40.《上下五千年》

41.《沙漠》

42.《绿山墙的安妮》

43.《鲁滨逊漂流记》

熊睿 南京鼓楼第一中小六年级

1.《诗经》

2.《黄帝内经》

3.《难经》

4.《唐诗三百首》

5.《易经（多遍重读）》

6.《曾仕强教授的易经智慧》

7.《银河帝国系列》（15 册）

22.《安德的游戏系列》（3 册）

26.《平行宇宙》

27.《心灵的未来》

28.《疯狂科学》（3 册）

31.《视觉之旅》（3 册）

34.《大数学家》（2 册）

36.《贤二与师父心灵疗愈漫画》（3 册）

39.《惊世奇人》

40.《蜘蛛宇宙》

41.《蜘蛛侠·重归黑暗》

42.《蜘蛛侠·生命之光》

43.《绿巨人世界大战》（2 册）

45.《蜘蛛侠·仅剩之日》

46.《漫威·隐秘战争》（两册）

47.《死侍屠杀漫威宇宙》

48.《暮狼归乡》

49.《复仇者联盟大战 X 战警》

50.《复仇者联盟大战正义联盟》

静待
花开

51. 《死侍 VS 灭霸》

52. 《漫威丧尸英雄传》

53. 《蝙蝠侠·黑与白》

54. 《蝙蝠侠·致命玩笑》

55. 《自杀小队》

56. 《哈莉·奎茵》

57. 《守望者》

58. 《无限》

59. 《The. end》

60. 《不义联盟·人间之神》

61. 《新复仇者联盟》（4 册）

65. 《超人·美国外星人》

66. 《鹰眼·人间兵器》

67. 《谁是黑豹》

68. 《无敌钢铁侠》

69. 《变形金刚·威震天本传》

70. 《史蒂夫. 乔布斯传》

71. 《影响人类历史进程的 100 名人排行榜》

72. 《天地九重》

73. 《阿米尔汗：我行我素》

74. 《蚕丝·钱学森传》

75. 《世界名人传记》（8 册）

83. 《明朝那些事》（7 册）

90. 《蔡东藩的通俗演义》（共 22 册已读 3 册）

93. 《伟大博物馆系列》（共 30 册已读 4 册）

97. 《丝绸之路》

98. 《大英博物馆》

99. 《西顿动物记》

108. 《乐高设计指南》

109. 《乐高街景搭建指南》

110. 《彼得兔》

111. 《海洋》

附录

199

112.《舌尖上的世界》

113.《改变历史进程的 50 种矿物》

114.《改变历史进程的 50 种植物》

115.《改变历史进程的 50 种机械》

116.《米欧·我的米欧》

117.《姐妹花》

118.《吵闹村的孩子》

119.《铁哥们儿擒贼记》

120.《绿林女儿》

121.《小王子》

122.《稻草人》

123.《呼兰河传》

124.《神秘岛》

125.《迷雾海盗系列》（6 册）

131.《阁楼上的光》

132.《偷影子的人》

133.《野猫传奇》

134.《狮王》

135.《校园三剑客》（3 册）

138.《小鹿斑比》

139.《警犬汉克》（共 56 册已读 23 册）

162.《地下街的雨》

163.《听听那冷雨》

164.《背影》

165.《西游记（原版）》

166.《当道家统治中国》

邓霁轩　南京东山小学六年级

1.《七天》

2.《中国寓言故事》

3.《名人传》

4.《鲁滨逊漂流记》

5.《城南旧事》

6.《千年一汉》

7.《文化苦旅》

8.《般若波罗蜜心经记》

9.《解忧杂货店》

10.《嫌疑人 X 的献身》

11.《边城》

12.《爱的教育》

13.《呼兰河传》

14.《稻草人》

15.《没有任何借口》

16.《那些古怪又让人忧心的问题》

17.《草房子》

18.《天地九重》

19.《反物质》

20.《安德的游戏》

21.《青铜葵花》

22.《几何原本》

23.《欧也妮·葛朗台》

24.《最后一头战象》

25.《人类的故事》

26.《简·爱》

27.《小老鼠》

28.《朝花夕拾》

29.《呐喊》

30.《骆驼祥子》

31.《水孩子》

32.《中外神话传说》

33.《前汉演义》

34.《最初三分钟》

35.《宇宙波澜》

36.《虚空》

37.《弦理论》

38.《梅子涵》

39.《犹太人的故事》

40.《狮子女巫和魔衣柜》

41.《凯斯宾王子》

42.《黎明踏浪号》

43.《银椅》

44.《能言马与男孩》

45.《魔法师的外甥》

46.《最后一战》

47.《板子猴》

48.《黑天鹅》

49.《红发会案》

50.《波西米亚丑闻》

51.《戴面纱的房客》

52.《尚斯科姆别墅案》

53.《驼背人》

54.《硬纸盒奇案》

55.《弗朗西斯卡凡克斯女士失踪案》

56.《格兰其庄园》

57.《斑点带子案》

58.《工程师大拇指案》

59.《苏菲的世界》

60.《吸血鬼》

61.《王冠蓝宝石案》

62.《跳舞的人》

63.《独自骑单车的人》

64.《巴斯克维尔的猎犬》

65.《恐怖谷》

66.《血字研究》

67.《四签名》

68.《修道院公学》

—

—

—

101.《巴黎圣母院》

102.《九三年》

103.《笑面人》

104.《呼啸山庄》

105.《最后的晚餐》

106.《三个火枪手》

107.《原子论》

108.《我有一个姐姐》

109.《丑小鸭男孩》

110.《看不见的美丽》

111.《我的知心奶奶》

112.《蓝门里的雅阁布》

113.《玛蒂的勇气》

114.《侦探推理游戏》

115.《神话词典》

116.《飞鸟集117·白夜行》

118.《疯狂科学》（2 本）

119.《明朝那些事儿》

120.《原乡丽江》

121.《红楼梦》

122.《活法》

123.《发现》

124.《永远的林徽因》

125.《初一数学》

陈奕名　金陵汇文中学七年级

1.《名将之死》

2.《银河帝国》（15 本）

3.《星巴克》

4.《魔鬼经济学》

5.《可口可乐的征服》

6.《海底捞你学不会》

7. 《晚清帝国风云》

8. 《中国通史》

9. 《三国·批评本》

10. 《六神磊磊读唐诗》

11. 《琅琊榜》

附
录

12. 《康熙大帝》

13. 《安德的游戏》

14. 《解忧杂货铺》

15. 《白夜行》

16. 《嫌疑人 X 的献身》

17. 《趣味化学》

18. 《格兰特船长的女儿》

19. 《神秘岛》

20. 《德兰修女传》

21. 《我们仨》

22. 《可汗学院》

23. 《天地九重》

—

24. 《沙丘》

25. 《别逗了，费曼先生》

—

26. 《啊哈，灵机一动》

27. 《悖论》

—

28. 《趣味物理学》

29. 《褚时健传》

30. 《埃伦马斯克》

31. 《十亿美金的教训》

32. 《货币战争》

33. 《玄奘大传》（2 本）

34. 《苏菲的世界》

35. 《印度数学》

36. 《海子诗选》

37. 《质数的孤独》

38. 《重返狼群》

静待花开

—

—

—

附录

后　记

本书是送给赏能小作家们的一份礼物，因为你们是本书的主角。此刻，我的眼前浮现出了这些可爱的对我影响很深的孩子们：

呆萌可爱的勇乐、熊孩子熊睿、真诚憨厚的张茂恒、喜爱公交车的陈奕名、知识和学识都堪称表率的邓霁轩、谦虚低调的黄渝进、幽默的高亦勤、爱飞机的郭马丁、擅长辩论的黄今、一直担任班干部的王珮璐、美丽的顾骧、小猴子陈若妍、才女吴子溪、学霸叶雨琦、搞笑好玩的查彦名、爱阅读的王梓骅、帅气的马骥炎、自信满满的许钊文、小说超级好的黄梓轩、细心的杨子猷、让我无计可施的徐子菡、阳光爱笑的张仙艺、气质出众的夏雯静、甜美活泼的朱咏怡、自我要求高的卢奕文、爱臭美的柯君好、热心细心的陈奕铭、内心细腻的刁奕、单纯正直的姜珩好、爱干净的史志溥、风趣幽默的周星宇、军事迷王逸诚、总挂着笑脸的吴健邦、爱提问的孙康耀、敏感细心的董书宁、自律踏实的陆钰宸、用心负责的荆文健、爱跳舞的朱林、爱辩论的胡峻宁、有责任心的招博航、人缘好的施昕睿、喜爱历史的陈锦楠、主持大方的仲奕名、率真的李秉修、单纯善良的顾欣怡、自律的杨铂阅、眼睛水汪汪的宋其轩、演讲出色的周博文、从来都是笑眯眯的曹恩种、才女李雨芯、爱下棋的夏祺、大男孩许栋颜、聪明的全威、笑起来眼睛变成一条缝的刘昱岑、帅气爱笑的姚东阳、上进努力的陈奕涵、很有礼貌的滕靖宇、喜爱书法的滕馨颜、白净开朗的郎梓煜、喜爱足球的赵乐涵、眼神认真的田雨时、阳光女孩魏一诺、皮球一样淘气的杨知渔、男子汉气概的冉皓钦、憨憨呆萌的吴俊树、围棋高手雷宇轩、爱笑的曹誉、笑起来有酒窝的范宇涵，还有那永远让人难忘的宋天杰……他们个个都那么单纯爱玩，他们每个人的身影时常在我脑海中浮现。有的孩子，你只要跟他有过交流，就忍不住常想起他。有的小屁孩时时让人难以忘怀：施雨瑶、丁海峰、徐茵、施珺瑶、庄涵予、赵晨露、郭宇凡、朱宸萱、肖漪南和李嘉昊等，那一双明亮的眼睛让你忍不住驻足，只要看到他们就会忍不住想去说点什么。

本书也是对曾经和赏能有过交集并还在继续产生交集的朋友们的致谢，是你们让我看到了家庭教育的无限可能，你们的美好品质与积极向上的生活状态促成了我写成本书。

有可爱的孩子，自然就有真诚谦和的家长朋友。几年来，我不断在几位智慧与魅力并存的妈妈身上修正自己努力的方向，我希望自己以后可以像她们一样优雅从容，并对生活保持着一份纯真。忍不住想再次感谢你们：陈奕名妈妈、勇乐妈妈、黄渝进妈妈、邓霁轩妈妈、张茂恒妈妈、夏雯静妈妈、朱咏怡妈妈、周星宇妈妈、许钊文妈妈、杨知渔妈妈和高亦勤妈妈等，认识你们真好！

还要感谢长久以来陪伴我的同事们：郝云云老师，对工作任劳任怨、尽职尽责、从不抱怨，是赏能大家庭坚实的后盾；王卓老师，相识已经多年，看到了你的成长、你的踏实肯干和主动承担，从你身上我看到了男子汉的担当；吴丽萍老师，不但在工作上是我的榜样，对他人的真诚善良、乐于付出更是值得我学习；我们的领导王立宏院长担得起"导师"一称，他对每位老师的赏能式用心栽培会使每个人受益终生。

特别说明：本书涉及到的各类主人公在听到我将选用他们的文字或事例时，都给予了我无私的支持，大家的信任是我得以完成本书的最大动力。由于是第一部作品，难免会有部分观点不成熟，我渴望得到读者的批评指正。这本书只是一个开始，尽管不完美，但它依然是我想要表达的真实感受，我将不断努力，力争以后能拿出更好的作品。

祝福每个孩子，祝福每个家庭！

后记